大森講座　XXXIII

バルト神学とオランダ改革派教会

危機と再建の時代の神学者たち

石原知弘

新教出版社

大森講座 第三三回　　二〇一七年一一月一九日

石原知弘「バルト神学とオランダ改革派教会

——危機と再建の時代の改革派神学」

「大森講座」創設のご挨拶

私共の日本基督教会大森教会は、ことし教会建設七十周年、伝道開始八十周年を迎えました。その記念事業の一つとして「大森講座」を創設いたしました。

教会は伝道しなければなりません。そしてその伝道がみ旨にかなってすすめられて行くために、絶えずみずからの信仰を検証していく必要があります。それを怠るとき、神のみ業である伝道が人間の恣意によって、なされる危険にさらされます。それゆえ旺盛な伝道心が、私共の教会の伝統に立つ生き生きとした神学によって検証され、あわせてそれによって裏打ちされなければなりません。

ここに真摯な若い神学徒が、つねに継続的におこされ、次の時代を展望しつつ正しく教会を建てる神学を産み出し、構築する力とならなければならないと考えます。

そのような若い神学徒の学びと、その発表との機会を提供したいと願い「大森講座」を創設するにいたりました。

この講座は毎年一回秋に開きます。その記録は直ちに印刷に付し、公刊いたします。

皆様のご理解をお願い申し上げます。

一九八五年九月

日本基督教会　大森教会

「大森講座」十一年目にあたって

「大森講座」が創設されて十年たちました。

所期の目的にそって、若い神学徒が継続的におこされ、この講座を実りあるものとされたこと、多くの理解者からたえず励ましをいただいたこと、そして新教出版社が全面的に協力してくださったこと、感謝にたえません。

研究分野が多岐にわたって、講座を華やがせ、また充実させていると思います。

教会が産み出す神学の泉の涸れることがなければ、そしてその神学が真の意味で教会に仕えるならば、憂い多い日本の伝道にも希望を失うことはないと信じます。

主がゆたかに大森講座を支えてくださいますように。

一九九六年二月

日本キリスト教会　大森教会

目次

はじめに　神学の巨人と小さな国の教会

本書はスイス人のプロテスタント神学者カール・バルト[1]（K. Barth, 1886-1968）とオランダ改革派教会の関係を歴史的・神学的に考察していくものです。

バルトは、一九世紀までの自由主義神学を批判して、二〇世紀に神の言葉の神学を打ち立てた神学者として知られています。スイスの小村ザーフェンヴィルでの牧師時代に執筆した『ローマ書』によって第一次世界大戦後のヨーロッパの神学界に登場し、一九二一年からはドイツのゲッティンゲン、ミュンスター、ボンの各大学で、一九三五年からは故郷スイスのバーゼル大学で神学教授として活躍しました。多くの神学的著作を世に送り出し、特に一九三〇年代から一九六〇年代の晩年までライフワークとして執筆に取り組んだ『教会教義学』は、未完に終わったものの、バルト神学の集大成となりました。

バルトの活躍のおもな舞台はスイスとドイツでしたが、その神学は国境を越えて世界中の教会に大きな影響を与えました。その中で、同じヨーロッパの小国オランダは重要な国です。オランダほどバルト神学を積極的に受容した国はなく、オランダほどバルト神学を厳しく批判した国もないと言われるほどです。[2] バルト神学が二〇世紀の教会にもたらした影響の一つの象徴的な事例をオランダに見ることができるのです。

日本ではオランダの教会と神学についてあまり知られていないかもしれませんが、バルトも広い意味で属していた改革派の伝統の重要な流れの一つです。[3] 一六世紀の宗教改革の時代、現在のオランダにあたる地域がスペインから政治的に独立する際に改革派の信徒たちが大きな役割を果たしたことから、オランダははじめから改革派教会が主流の国となりました。一七世紀初頭には、予定論をめぐってアルミニウス主義を退けたドルトレヒト信仰規準が作成されたことがよく知られています。その後、第二次宗教改革と呼ばれる正統主義と敬虔主義の時代を経て、啓蒙主義の時代から一九世紀にかけては自由主義神学が台頭しましたが、同時にその状況を乗り越えようとする改革派正統主義の復興の動きも早くから見られました。

こうした前史を背景として、オランダはバルト神学の登場の時代を迎えました。同じ改革派という伝統の中にあったことに加えて、バルトのいたドイツ北西部とオランダの地理的な近さや、バルトの母語であるドイツ語とオランダ語の言語的な近さもあって、オランダ改革派教会はバルト神学にいち早く反応し、関係を深めていくことになりました。

密接な両者の関係ですが、個別のテーマをめぐって論じられているものはあるものの、その歴史を包括的に取り扱った研究は多くありません。(4) そこで本書では、バルト神学とオランダ改革派教会の関係の全体像を描いていくこととします。そして、バルト神学がオランダに与えた影響とともに、そこから見えてくるオランダ改革派神学の特質や意義についても明らかにしていきたいと思います。オランダ改革派の神学者たちがどのようにバルト神学を解釈し、受容し、また批判したのかを検討することで、オランダ改革派神学の関心事や強調点が見えてくるはずです。もちろん、そこでのバルト解釈や批判はそもそも正しかったのかということも問題となりますが、この点はあらためてバルト神学それ自体の研究を通して検証されることにゆだねたいと思います。

オランダ改革派神学の特質をバルト神学という外部のものとの関係を軸にして検討するというのは少し回り道のように思われるかもしれませんが、しかし、この方法自体がすでにオランダ改革派神学の一つの特質を前提としています。オランダ改革派教会はそのはじめから、フランス人でありスイスのジュネーブで活躍したカルヴァンの神学、ドイツで作成されたハイデルベルク信仰問答、イギリスで展開したピューリタニズムといった外部のものとの積極的な対話や受容を通して歩んできました。そこには小さな国の教会のしたたかさとたくましさを見ることができます。

そして、二〇世紀においては、スイスの神学の巨人バルトがオランダ改革派教会の最も重要な対話の相手となったのでした。

　まず、歴史的な展開を三つの時期に分けて見ていきます。第一章では一九一〇年代から二〇年代における両者の出会いから初期の時代を、第二章では一九三〇年代から一九四五年までのファシズムと戦争の危機の時代を、第三章では一九四五年以降の戦後の再建の時代を扱います。そして、続く第四章では、バルト神学との関係から見えてくるオランダ改革派神学の意義を考察します。そこでは、同じようにバルト神学の影響を強く受けてきた日本の教会において、オランダ改革派神学を学ぶことの意義についてもふれてみたいと思います。

第一章　神学者バルトの登場と二つのオランダ改革派教会

一九一〇年代〜一九二〇年代

第一章では、バルトが第一次世界大戦を契機として新たな神学的意識に目覚め、神学者としてヨーロッパにその名が知られるようになっていった時代、一九一〇年代から一九二〇年代までを見ていきます。オランダはドイツ以外では最も早くバルトとかかわりを持ち、その神学を紹介した国でした。しかし、両者の関係にははじめから複雑な要素がからんでいました。オランダには二つの改革派教会が並び立っており、その対立関係というものも深く影響しながら、バルト神学は受容され、また批判されていくことになったのでした。

1　総会系オランダ改革派教会の時代とバルトの登場

二つのオランダ改革派教会

はじめにバルトが登場してきた時代のオランダ改革派教会の状況について見ておきます。

一六世紀の宗教改革以来、オランダには「国教会系オランダ改革派教会（Nederlandse Hervormde Kerk, NHK）」[5]（以下、国教会系）という一つの改革派教会があり、ベルギー信仰告白、ハイデルベルク信仰問答、ドルトレヒト信仰規準を信条として、長く正統主義と敬虔主義の時代を築いてきました。しかし、一九世紀にはさまざまな変化が生じてきていて、フローニンゲン大学の神学者を中心とするフローニンゲン学派やライデン大学の神学部において自由主義神学が教えられるようになっていました。最も影響力があったライデン大学のスホルテンによれば、キリスト教の重要な要素は、超越者の存在、道徳の重要性、魂の不死性などであり、キリストはそれらを教えた教師にすぎず、復活などは信仰の対象ではありませんでした。本来であれば、こうした教理の逸脱に対してはシノッド（教会会議）が介入すべきところでしたが、国家の行政機関のような性質を帯びていた当時のシノッドではその機能は果たされていませんでした。

そうした中、一八三四年と一八八六年に、自由主義神学に批判的な正統信仰に立つ人々によって国教会系からの二度の大きな離脱が起こりました。一八三四年の離脱は、「分離」を意味する「アフスヘイディング（Afscheiding）」と呼ばれ、オランダ北部の農村地域から始まりました。この分離グループは一八五四年にはカンペンに神学校を設立し、後にバーフィンク（H. Bavinck, 1854-1921）が教義学の教授として神学的指導者となっていきます。一八八六年の離脱は、アムステルダムの国教会系の牧師であったカイパー（A. Kuyper, 1837-1920）の指導によるもので、「嘆き」を意味する「ドレアンシー（Doleantie）」と呼ばれる分離でした。カイパーはライデン大学でスホルテンのもとに学び、はじめは自由主義神学に立つ牧師でしたが、敬虔主義の伝統が残る小さな村ベーストで牧会していたときに正統信仰へと回心したのでした。

この二つの分離グループは、一八九二年に合同し、「総会系オランダ改革派教会（Gereformeerde Kerken in Nederland, GKN）」（以下、総会系）を創設しました。伝統的な信仰規準の規範性を重んじ、シノッドにおいては免職などの戒規も執行できる機構を整えた教会でした。数の上では国教会系に劣っていましたが、カイパーとバーフィンクという二人の神学的指導者の活躍によって一九世紀末から二〇世紀初頭にかけて大きな影響力を持ち、総会系優位と言われる時代を築きました。(6) カイパーは、一八七四年からは国会議員を務め、オランダ初の近代政党と言われる反革命党の党首となって、一九〇一年から一九〇五年にかけては首相も務めました。一八八〇年にはアムステルダム自由大学を創設するなど、ネオ・カルヴィニズムと呼ばれる思想に基づく多様な活動を精力的におこないました。また、バーフィンクは、カンペン神学校とアムステルダム自由大学において神学教育に従事し、一八九五年から一九〇一年にかけて全四巻から成る『改革派教義学』を出版するなど神学的な活動において重要な役割を果たしました。

一九一〇年代後半にバルトが自由主義神学への激しい批判とともに登場してきたとき、このようにオランダには二つのオランダ改革派教会が並び立っており、国教会系の自由主義化に対する批判者としての総会系がバルトと同じような役割をすでに果たしながら大きな影響力を及ぼしていました。その意味では、すでにオランダには総会系というバルト神学を受け入れる基盤があったと言えます。実際、後で見るようにバルト神学と最初に本格的な交流を持ったのは総会系でした。しかし、構図はそれほど単純なものとはなりませんでした。総会系では、一九二〇年にカイパーが、翌年の一九二一年にはバーフィンクが亡くなり、相次いで神学的指導者を失うこととなりました。そして、二人の神学の継承をめぐって議論が戦わされていく中で、総会系の神学は正統的ではあるものの極めて閉鎖的な保守主義へと向かっていくこととなったのです。他方、国教会系では、第一次世界大戦後の時代の危機感の中、その内部で自由主義神学を乗り越えようとする人たちがあらわれてくるようになりました。二つのオランダ改革派教会の状況が複雑に変化していこうとしている時代の中に、バルトは登場してくることになったのでした。

最初の出会い

バルトとオランダ改革派教会には、本格的な交流が始まる前に一つの出会いがありました。バルトの名前がヨーロッパに広く知られるようになるのは一九二〇年代にドイツの大学教授になってからでしたが、オランダに初めてバルトの文章が紹介されたのは、バルトがまだスイスで牧師として働いていたときのことでした。

バルトは一九一一年までジュネーブのドイツ語教会の牧師を務めた後、小村ザーフェンヴィルの牧師となりました。自由主義神学と宗教社会主義の影響を受けていたバルトでしたが、この間に起こった第一次世界大戦を契機としてそれまでの神学に疑問を抱くようになっていました。そうした中、一九一六年二月六日、バルトはザーフェンヴィルの教会でエゼキエル書一三章から「人々を満足させる牧師」という題の説教をしました。(7) エゼキエルが糾弾したイスラエルの偽預言者とは、今日においては人の耳に心地よい言葉ばかりを語る「人々を満足させる牧師」であるとする説教でした。この時代のキリスト教に対する危機意識が感じられる説教で、バルトの新たな神学的自覚のあらわれを感じさせるものでした。バルトはこの説教に強い思いを抱いていたらしく、印刷して村の全家庭に配布しましたが、さらにこの説教は同年四月六日に、かつてバルトが学生時代に編集助手を務めていたドイツの雑誌『キリスト教世界』に掲載されました。(8) すると、その雑誌を見たオランダ人の牧師がこのバルトの説教をオランダ語に翻訳し、一九一八年の春、オランダの雑誌『真理と平和のための声』に掲載して紹介したのでした。(9)

まだバルトの名前が本格的に知られるようになる前のことですから、この説教の翻訳が掲載されたのは、その内容自体にオランダの牧師としても注目すべきものがあったからでしょう。オランダは第一次世界大戦では中立を保ち、戦争の直接の被害を受けることはありませんでしたが、バルトと同じようにヨーロッパの危機の中で自由主義神学の限界を感じる人たちがいたのでした。総会系優位と言われる時代の中で、むしろ国教会系の牧師たちの中に危機感が強かったかもしれません。『真理と平和のための声』のおもな執筆者も国教会系の牧師たちでした。

ただし、この説教を通してバルトの名前がすぐにオランダに広まったわけではありませんでした。バルト神学とオランダ改革派教会の本格的なかかわりは一九二〇年代に入ってからのこととなります。次に見るとおり、そこでまず役割を果たしたのは総会系でした。

総会系によるドイツの改革派教会への支援

「人々を満足させる牧師」からまもなく、聖書の中に自由主義神学とは異なる新しい世界を発見したバルトは、ローマの信徒への手紙の講解に集中して取り組み始めました。そして、一九一八年一二月に印刷と製本を終えると、一九一九年刊として出版しました。『ローマ書』初版です。当初、売れ行きはあまりよくなかったようですが、ドイツのタンバッハでおこなわれた宗教社会主義運動の大会での講演「社会におけるキリスト者」が反響を呼び、売れ残っていた『ローマ書』の販売を引き受けてくれる出版社もあらわれました。

そのようにしてドイツで名前が知られるようになったバルトのもとに、一九二一年一月、一通の招聘状が届きました。ドイツのゲッティンゲン大学で改革派教義学の講座を担当する教授職[10]への招聘でした。

ドイツの改革派教会は一八八四年から「改革派同盟」というグループを組織していて、一九二〇年には約一五〇の教会が加盟していました。そして、この改革派同盟と総会系につながりがありました。[11]ドイツでは、第一次世界大戦後の一九一八年に誕生したワイマール共和国において、それまで約四世紀にわたって続いていた教会と国家の結びつきが切れることになり、その状況に教会と国家の分離を支持していた総会系の人々が関心を持つようになっていたのです。ドイツの

新しい共和国においては、自分たちと同じような自由教会が社会にインパクトを与えるチャンスがあると考えたのでした。(12)

改革派同盟は重要な活動として『改革派教会新聞』を発行していましたが、さらに大きな課題が大学における改革派神学の教育でした。ドイツでは一九世紀の前半に改革派とルター派が国家の強制のもとに統一されてから改革派独自の神学教育機関はなくなっていました。この時代にはエアランゲン大学のカール・ミュラーが唯一の改革派の教授職を務めていましたが、エアランゲンは地理的に中心地とはなりえませんでした。そのような中で、ゲッティンゲンの牧師ハイルマンがゲッティンゲン大学に改革派教義学の講座を開く計画を立て、一九二〇年に政府とルター派の神学部から許可を得たのでした。しかし、第一次世界大戦後の混乱とスーパーインフレの影響による財政の問題がありました。そのため、講座はおもにアメリカの長老派教会の援助によって設置されることになったのですが、同時にそこにオランダの総会系による支援が入ったのでした。特に神学生の寄宿舎に必要な一一四、〇〇〇マルクのためのキャンペーンがアメリカとオランダでおこなわれ、総会系に所属していたビジネスマンで、ゲッティンゲン大学で化学を学んだ経験があったファン・マルレが、五〇、〇〇〇マルクの献金を集めました。これによって寄宿舎が建てられ、最初の八人の神学生が入寮することとなりました。(13)

ところで、スイスの改革派教会に属していたとはいえ、自由主義神学の影響下に学んだバルトが果たして改革派と言えるのかという疑問の声が改革派同盟の中にありました。バルト自身も、『ローマ書』で情熱的に聖書に取り組んでいるという形式的な点のゆえに自分は招聘されたと考えていたようですが、ミュラーは『改革派教会新聞』でバルトの『ローマ書』の内容は改革派的なものであると力説して、この招聘を擁護しました。さらに、ミュラーは一九二一年三月にエアランゲンでバルトに会ったときの個人的なエピソードもそこに書き加えました。二人が面会していたわずか数時間のうちに、バルトに会うために約束なしに二八人もの訪問客があったというのです。ミュラーは、ドイツの改革派教会にはバルトの神学への期待があると希望をもって結論づけました。そして、このミュラーの文章は、一九二一年七月三日付けの総会系の新聞『ヘラウト』の外国欄の記事に掲載されました。こうしてバルトの名前はオランダではまず総会系において知られることになったのでした。(14)

一九二〇年代前半のバルト神学と総会系

一九二一年一〇月、バルトはスイスのザーフェンヴィルからドイツのゲッティンゲンへと居を移します。教会から大学へと働きの場が変わり、神学者としてのバルトの活動が始まりました。

そして、すでにザーフェンヴィルを去る頃には完成させていた『ローマ書』第二版が一九二二年に出版されると、バルトの名前は一気に知られるようになりました。この第二版は、神を神とすることで自由主義神学を徹底的に批判するという点において初版よりもさらに明確で大胆なものでした。一九二二年夏には、トゥルナイゼンとゴーガルテンと共に神学雑誌『時の間に』の刊行を開始します。ここから一般に弁証法神学と呼ばれる神学運動がバルトを中心に展開されていくこととなったのでした。

ゲッティンゲン大学でバルトに課せられたのは、改革派の信仰告白と教会生活について講義することでした。しかし、このときにはまだバルト自身には歴史的改革派神学の知識が乏しく、ゲッティンゲンで本格的に改革派神学を学び始めることになりました。一九二四年の春からは教義学の講義に取り組み、その中で改革派正統主義を発見し、研究に打ち込みました。

総会系は、引き続きドイツの改革派教会とかかわりを持っていました。一九二三年には、支援のための委員会が設置され、メンバーにはアムステルダム自由大学やカンペン神学校の教授たち、また反革命党の党首コラインなど、総会系の指導的な人々が名を連ねました。このつながりの中で、ドイツから学生を招いてオランダの大学で学ばせることもありました。また、バルトのもとに多くの学生が集まっていることが知られるようになり、ファン・マルレがバルトを改革派の指導者としてオランダに招待したいと願い出たこともありました。このときバルトはこれを受けませんでしたが、総会系の人々は、これはバルトがまだ発展の途上にあるからだと理解し、カイパーとバーフィンクの主要な著作をバルトに送りました。バルトもバーフィンクの書物は読んだようであり、教義学の講義の中で三位一体についてのバーフィンクの言葉を引用しています。[15]一九二四年五月にトゥルナイゼンに宛てた手紙の中でもバーフィンクのことを評価しています。[16]

このようにドイツの改革派同盟との結びつきという背景の中で、総会系はゲッティンゲン大学におけるバルトの働きを支援するかたちになっていたわけですが、しかし、同時にこの時期にすでに神学的なすれ違いも生じ始めていました。

総会系は、あくまでもカイパーとバーフィンクの神学の視点からバルトを評価しようとしていました。さらに、一九二〇年代前半にカイパーとバーフィンクが相次いで亡くなると、その神学的遺産の継承という課題に直面し、バーフィンクの開かれた学問的姿勢から学んだ若い世代の動きを指導者層が警戒したこともあって、総会系はより伝統的な神学を堅持するという保守的な動きに傾いていました。

しかし、バルト自身には、伝統的な改革派神学を学びつつもそこにとどまるという考えはなかったと言えます。オランダの神学とも関係してそのことを示す一つのことは、ゲッティンゲンに来てまもない一九二二年、北西ドイツの改革派教会のグループとの出会いを通してコールブリュッゲ（H. F. Kohlbrugge, 1803-1875）の神学を発見したことでした。[17] コールブリュッゲは、はじめオランダでルター派教会の牧師となるもすぐに辞職し、その後、国教会系の牧師を目指したものの自由主義神学への強い批判的な態度のゆえに認められず、最終的にはドイツのエルバーフェルトにあった改革派教会の牧師となった異色の経歴の人物です。その神学の特徴は、救いの客観的な性格を強調する義認論にありました。人間はすでにキリストの御業によって完全に義とされているとし、「あなたはいつ回心したのか」という問いに、「キリストの十字架と復活において」と答えるほどに救いの御業の客観的な側面を強調しました。この点では、同じように国教会系の自由主義を批判しながらも自覚的な回心を強調したオランダの保守的な正統信仰とも相いれませんでした。バルトはこのコールブリュッゲの神学を評価し、のちに『教会教義学』の中でも繰り返し言及することとなります。また、一九四七年に出版した『一九世紀のプロテスタント神学』においても、「わたしに知られている神学史に関する著作のどの一つにも、名前すら言及されていない」[18]というコールブリュッゲをあえて取り上げています。

自由主義神学への批判という大きな枠組みにおいては共通していたバルトと総会系ですが、実際には微妙な差があったのでした。[19] そうした中、ドイツで影響力を持つようになったバルトのもとにミュンスター大学から新たな招聘があり、バルトは一九二五年一〇月にゲッティンゲン大学を去ることとなりました。これによってバルトと改革派同盟との四年間の関係も終わりとなり、このことはバルトと総会系との教会的な線が切れることを意味しました。[20] そして、神学的にもこの時期からバルトと総会系とのあいだにはさらに距離が生まれるようになり、むしろ、このあと見るようにバルトと国教会系とのつながりが強くなっていくこととなったのでした。

2　国教会系オランダ改革派教会におけるバルト神学の受容

学生連盟におけるバルト受容

オランダで最初にバルトを熱心に読み始めるようになったのは学生たちでした。[21] 初期のバルト受容を考える上で重要なのは、「オランダ・キリスト者学生連盟」（以下、学生連盟）です。学生連盟は一八九六年に設立された組織で、主流は国教会系の学生たちでした。バーフィンクが学生連盟を評価していたこともあって総会系の学生たちも在籍していましたが、一九二〇年には、学生連盟の自由主義的傾向のゆえに学生たちは所属しないようという公的な勧告がなされていました。[22]

学生連盟においてバルトの『ローマ書』を積極的に紹介したのは、国教会系に所属する法律家で戦後には国会議員ともなったストゥフケンス（N. Stufkens, 1890-1964）でした。ストゥフケンスは一九一九年から一九三〇年まで学生連盟の総主事を務め、学生たちに熱心にバルトを読むように勧めました。一九二二年の夏にはデンマークで行われた会合に出席した帰りに仲間とともにドイツ各地の大学を見て回り、その旅のクライマックスとしてゲッティンゲンのバルトのもとを訪ねています。(23)

この学生連盟での活動を通してバルトを知り、その後もオランダにおけるバルト主義者として重要な役割を果たすことになった人物が、アムステルダム自由大学の学生であったブスケス（J. J. Buskes, 1899-1980）です。ブスケスは学生連盟からの退会勧告が出ていた総会系に所属していましたが、当時の総会系が歴史批評学に対してきわめて批判的であったことについて悩み、学生連盟でバルトの『ローマ書』を読んでいました。そして、そこではパウロの言葉が、ネオ・カルヴィニズムでもファンダメンタリズムでもなく、また歴史化でも心理化でもない仕方で二〇世紀の言語に翻訳されていると受け止めて、バルト神学に解決の道を見出したのでした。バルト自身はやがて『ローマ書』からさらに『教会教義学』へと進んでいくことになりましたが、ブスケスは、バルトが最初に教義学ではなく聖書の講解という仕方でその神学を提示してくれたことに意

郵便はがき

料金受取人払郵便

小石川局承認

6313

差出有効期間
2026年9月
30日まで

112-8790

105

東京都文京区関口1－44－4
宗屋関口町ビル6F

株式会社　新教出版社　愛読者係　行

<お客様へ>
お買い上げくださり有難うございました。ご意見は今後の出版企画の参考とさせていただきます。

ハガキを送ってくださった方には、年末に、小社特製の「渡辺禎雄版画カレンダー」を贈呈します。個人情報は小社、提携キリスト教書店及びキリスト教書センター以外は使用いたしません。
●問い合わせ先 ： 新教出版社販売部　tel　03－3260－6148
email : eigyo@shinkyo-pb.com

今回お求め頂いた書籍名

お求め頂いた書店名

お求め頂いた書籍、または小社へのご意見、ご感想

お名前 | 職業

ご住所 〒

電話

今後、随時小社の出版情報をeメールで送らせて頂きたいと存じますので、
お差し支えなければ下記の欄にご記入下さい。

eメール

図 書 購 入 注 文 書

書　　名	定　価	申込部数

義があったと後に述懐しています。[24]

ヘールケルケン問題とバルトのオランダ訪問

バルトの名前が広く知られるようになっていく中で、オランダにおいても次第に学生たちだけでなく神学者たちもバルトに関心を寄せるようになっていきました。一九二五年には、総会系と国教会系の双方においてバルト神学についての講演が各地でおこなわれました。

そして、バルト神学と二つのオランダ改革派教会の関係にとって一つの大きな転機となったのが、一九二六年でした。

まず、この年に総会系で起こった問題が、総会系とバルト神学との距離を広げることになりました。アムステルダムの総会系の牧師であったヘールケルケン（J. G. Geelkerken, 1879-1960）の聖書解釈をめぐって表面化した問題です。[25]ヘールケルケンは、創世記の堕落の箇所の釈義において、その歴史性は認めつつも、例えば蛇が言葉を話したというような点などはすべてが書かれているとおりに起こったのではないと解釈しました。これはカイパーやバーフィンクも主張していた有機的霊感の教理によって許されている範囲の聖書解釈であると考えたのでした。しかし、これに対して総会系の指導的な神学者たちは、聖書の記述はその細部に至るまで実際に起こったことの記録であると主張しました。もしこの原則が放棄されるなら、あらゆる出来事の歴史性は疑われることになり、最終的には十字架と復活という救いの中心的な事実まで疑われることになる危険があるからでした。

この問題は、一九二六年三月にオランダ北部の町アッセンで開催された総会系のシノッドで取り上げられ、ヘールケルケンを罷免するという事態に至りました。すると、ヘールケルケンとその支持者たちは総会系を離脱し、「再建改革派教会（Gereformeerde Kerken in Hersteld Verband, GKHV）」という新しい教派を設立しました。当時の総会系の保守的な聖書観に批判的であったブスケスもこの再建改革派教会に加わりました。バルト神学が直接議論の対象となったわけではありませんでしたが、このヘールケルケン問題によって、バルトの影響を受けていた牧師たちが総会系から離れることになったのでした。

ヘールケルケンの罷免の決定から数週間後、国教会系のフローニンゲン大学の教授ハイチェマ（Th. L. Haitjema, 1888-1972）が、『カール・バルト』という書物を出版しました。これはオランダの神学者がバルトについて記した最初の書物です。コールブリュッゲやキルケゴールなどの逆説的思惟の影響を受けていたハイチェマは、バルト神学に同様の批判的思考の要素があることを評価し、これをオランダ改革派の伝統を深化させるものと捉えました。そして、バルト神学が総会系の神学に対しても批判的な機能を果たすと考えたハイチェマは、「バルトか、カイパーか」と総会系に選択を迫ったのでした。結果的に、その問いかけに対して総会系はカイパーを選び、バルトを退けることになりました。(26)

そして、この一九二六年にバルトが初めてオランダを訪問しました。(27) オランダに近いミュンスター大学の教授となっていたバルトは、五月二八日から六月三日までの一週間、妻と一六人の学生をともなってオランダを旅行しました。バルトによって「オランダにおけるわれわれの《関心事》のもっとも重要な代表者」と呼ばれたハイチェマが案内役を務めました。まずフローニンゲンに滞在し、そこではフィリピ書三章についての講義や説教をおこないました。それからアムステルダムに移動し、おもに国教会系の指導的人物たちと交流を持ちました。そして、旅行の最後の六月一日にはアムステルダムで開催された大きな会議で「教会と文化」という題の講演をおこないました。

バルトはこの旅行を「七日間の最高に素晴らしい、感動的な日々」と振り返りました。そして、何よりもオランダの主流がカルヴァン主義であることを見いだして喜びました。翌年も三月二九日から四月二日にかけてオランダを訪問し、(28) ユトレヒトとライデンで「義認と聖化」と「戒めの順守」という二つの講演をおこないましたが、このときもオランダの神学者との対話における相互理解の基盤はやはりカルヴァン主義であったと述べています。ゲッティンゲン大学の改革派教義学の教授となってから学び続けていた改革派神学の伝統を、オランダの神学者たちの中に実際に見出したのでした。

しかし、バルトが評価したオランダの改革派神学には、国教会系と総会系という二つの担い手があり、そこには神学的な違いや対立があったわけです。このときバルト自身が両者の違いをどこまで正確に認識していたかは分かりませんが、その対立関係がバルト神学への評価や批判と深く結びついていました。そして、国教会系においては受容、総会系においては拒絶という流れができあがっていくことになるのでした。

倫理神学派におけるバルト受容

バルト神学と積極的にかかわるようになった国教会系ですが、その内部にはいくつかのグループがありました。一九世紀以降、自由主義神学が支配的になった中で、なお伝統的な信仰を守ろうとするグループが生まれたのでした。[29]

まず、一八六四年に組織された「信条主義派」と呼ばれるグループです。伝統的な正統信仰に立つ保守派で、神学的には総会系と最も近いところにありました。有力な指導者であったフーデマーカー（P. J. Hoedemaker, 1839-1910）はカイパーとも親しい関係にあり、カイパーがアムステルダム自由大学を創設した際には教授として就任しました。しかし、後にカイパーが国教会系を離れて総会系を設立すると、フーデマーカーはその教授職を辞職することになりました。フーデマーカーには一つの国民教会という理念があり、カイパーの正統信仰には同意しつつも、国教会系からの分離という行為は認めることができなかったのでした。また、バルト神学をいち早く積極的に紹介したハイチェマも信条主義派に属する神学者であり、国民教会の理念を受け継いでいました。ハイチェマが総会系に対して厳しく迫ったのも同じ背景から理解できます。

この信条主義派からはさらに保守的なグループが分かれ、一九〇六年に「改革派同盟」が設立されました。バルト神学に対しては、総会系と同様の保守的な聖書観などの立場から批判的で、後の国教会系内の教会改革の動きなどにおいては孤立的な道をいくことがありました。

信条主義派と並んでもう一つ有力であったのは、シャンテピー・デ・ラ・ソセー（D. Chantepie de la Saussaye, 1818-1874）やフニング（J. H. Gunning, 1829-1905）といった神学者によって指導された「倫理神学派」と呼ばれるグループです。倫理神学派は信条主義派ほどの保守派ではなく、正統主義と自由主義の調停を試みた神学の流れで、特に人間の人格性を重んじていました。国教会系におけるバルト受容で最も積極的かつ重要な役割を果たしたのは、この倫理神学派でした。

一九一八年にバルトの説教を初めてオランダに紹介した雑誌『真理と平和のための声』のおもな執筆者は倫理神学派の牧師たちであり、バルトの『ローマ書』を積極的に読んだ学生連盟の主流も倫理神学派の学生たちでした。人間の人格性を重んじた倫理神学派は、信条主義派ほどには信条の拘束性などに強いこだわりを持っておらず、この点がやはり改革派信条の重要性は認識しつつもそこにとどまろうとしなかったバルトの考え方と共鳴することになったのでした。

この倫理神学派を代表する人物で、バルトとの関係でも重要な神学者がノールトマンス（O. Noordmans, 1871-1956）とミスコッテ（K. H. Miskotte, 1894-1976）です。彼らはキリスト教と近代文化の安易な結びつきを批判するバルトの神学に共感を覚えました。そして、バルト神学の受容を通して倫理神学派のあり方そのものをも乗り越えていこうとしました。倫理神学は必ずしも近代文化に対する楽観的な神学ではありませんでしたが、正統主義と自由主義の調停を試みようとする中で人間の人格性の自律した意義や可能性に重きを置くところもあったからでした。

ノールトマンスは大学の教授ではなく、生涯小さな村の牧師として影響を与え続けた人物としてオランダでは独特な存在感がある神学者です。[30] バルトと同じように第一次世界大戦後に人間と世界の現実に神学の根拠を見出すような楽観的な思考を捨て、啓示に基づく厳格な神学の立場を求めるようになりました。そうした経験から、一九二〇年代にバルト神学が知られるようになると、ノールトマンスはその理解者の一人となりました。一九二五年にはバルト神学についての講演を立て続けにおこない、一九二六年にバルトがオランダを訪問した際には直接面会しました。バルトはこのノールトマンスについて、「その自主性と器量の大きさで他の人から抜きん出て」[31]いたと述べています。ノールトマンスはその後も積極的にバルト神学との対話を続け、同時に独自の神学的主張も展開しました。

ノールトマンスよりも少し後の世代となるミスコッテも、二〇世紀の国教会系を代表する神学者の一人です。一九二一年に国教会系の牧師となり、一九二三年にはバルトの『ローマ書』第二版を読みました。はじめは抵抗も感じたようですが、すぐに共感を持つようになり、バルト神学との出会いは二度目の回心とも言える恵みの出来事であったと後に回顧しています。[32]一九三二年にフローニンゲン大学で、『ユダヤ教宗教の本質』という題の博士論文で学位を取得しました。この専門分野の影響もあって、ナチスの反ユダヤ主義の危険に鋭く反応することになります。戦時中はアムステルダム教会の牧師としてファシズムとの戦いにおいて重要な役割を果たし、この点でもバルトと密接な関係を持ちました。戦後、一九四五年から一九五九年までライデン大学の教授を務めましたが、そこでもバルトと交流を持ち続け、オランダにおけるバルト神学の最も有力な代弁者となりました。

第二章　バルト神学と危機の時代のオランダ改革派教会

一九三〇年～一九四五年

第二章では、一九三〇年代のファシズムの台頭から第二次世界大戦の時代をバルト神学と危機の時代のオランダ改革派教会の関係として見ていきます。この時代のバルトは、『教会教義学』の執筆の開始と同時に、『バルメン宣言』を作成するなど、ナチズムと戦う中でその神学を展開していきました。隣国のオランダでも、一九四〇年にナチス・ドイツによって占領されると、合法また非合法の抵抗運動が起こりました。そこではバルト神学が抵抗の神学として機能することになりました。他方、総会系においてはバルト神学への激しい批判も展開されました。

1　ドイツ教会闘争におけるバルトとオランダ改革派教会

一九三〇年代のバルト神学とバルメン宣言

バルト神学をめぐって、総会系では距離が生まれ、国教会系では受容されていったという一九二〇年代半ばからの構図は、一九三〇年代以降も基本的には変わりませんでした。そして、ファシズムの台頭から戦争へと向かう危機の時代の中で、バルト神学とオランダ改革派教会の関係はさらに深まり、また新たな展開を見せることとなりました(33)。

一九三〇年代はバルト自身の神学の発展にとって重要な時期でした。バルトはミュンスター大学教授時代の一九二七年に『キリスト教教義学』を出版しましたが、神の主権と超越性を強調した一九二〇年代の自らの神学の中にはなお哲学的な思考があることを認め、さらなる神学的展開を模索していました。そして、一九三〇年の春にボン大学へ移ると、その探求は実を結んでいきます。ボンでまず集中して取り組んだのはアンセルムス研究で、その成果が一九三一年に『知解を求める信仰』として出版されます。そして、そこで得られた「キリスト論的集中」という神学的方法をもとに、一九三二年末からライフワークとなる『教会教義学』の出版を開始しました。

バルトはこのように述べています。

私はこの課題に従事する場合――私はそれをキリスト論的集中とよぶのであるが――教会の伝統について、また宗教改革者特にカルヴァンについても（言葉のよい意味において）、批判的な検討へと導かれたという事実を黙過するわけにはいかない。[34]

伝統的な改革派神学から学びつつも、キリスト論的集中という方法によってさらにその先へ批判的に進もうとしていたバルトの姿勢が見て取れます。このキリスト論的集中の神学が、やがてオランダ改革派教会において積極的に受容もされ、また批判もされることになっていきます。
また、一九三〇年代はバルトにとって政治的な戦いの時代ともなりました。ドイツではナチスが一九三三年に政権を掌握し、教会にもナチスに迎合するドイツ・キリスト者と呼ばれる人たちがあらわれるようになっていました。そうした事態に危機感を抱いた人々によって告白教会が結成され、一九三四年に『バルメン宣言』が発表されました。起草したのはバルトでした。その第一条項は次のように宣言しています。

「わたしは道であり、真理であり、命である。わたしを通らなければ、だれも父のもとに行くことができない」（ヨハ一四・六）。

「はっきり言っておく。羊の囲いに入るのに、門を通らないでほかの所を乗り越えて来る者は、盗人であり、強盗である。わたしは門である。わたしを通って入る者は救われる」（ヨハ一〇・一、九）。

聖書においてわれわれに証しされているイエス・キリストは、われわれが聴くべき、また生きているときにも、死ぬときにも、信頼し、服従すべき、唯一の神の言葉である。教会が、この唯一の神の言葉以外に、またそれと並んで、別の出来事、さまざまな力、人物、諸真理をも神の啓示として承認し、宣教の源泉とすることができるし、そうしなければならないと教える過った教えを、われわれは却ける。(35)


ヒトラーの言葉を神の啓示として受け取ろうとしたドイツ・キリスト者に反対して、唯一の神の言葉であるキリストのみに聞くことが宣言されています。バルトのキリスト論的集中の神学がバルメン宣言においても力強く機能したのでした。

オランダでは、一九二六年に総会系から離脱したバルト主義者のブスケスたちの再建改革派教会が、バルメン宣言を公的に支持しました。そして、このバルメン宣言は、後にオランダで書かれることになる『アマースフォールト・テーゼ』に影響を与えることになります。

オランダにおけるファシズムの台頭と教会

オランダにもファシズムの足音は聞こえてきていました。[36] 一九二八年にアムステルダム・オリンピックを開催するなど、一九二〇年代後半のオランダは比較的堅実な歩みをしていましたが、一九二九年一〇月のニューヨークのウォール街での株価の大暴落から起こった大恐慌の影響はオランダにも及び、社会不安が増してきていました。そうした中、オランダでも一九三一年にファシスト政党である国家社会主義運動が組織されました。初期においてはキリスト教的意義を主張し、反ユダヤ主義的姿勢も取らず、ドイツのナチズムとの違いを強調していましたが、一九三五年の統一州議会選挙で全体の八％の票を得て一定の勢力となると、翌年にはナチスとの協力関係に入っていきました。

しかし、まだ一九三〇年代にはファシズムをめぐるドイツとオランダの状況には差があったと言えます。ドイツにおいてナチズムが社会全体を支配していったのとは違い、オランダの国家社会主義運動は、その後は支持を広げることができませんでした。一九三七年の第二院総選挙では、四議席（総議席数は一〇〇）を獲得するものの得票数はそれまでよりも大きく減らしました。ナチスと結びついた過激な主張がオランダでは警戒され、退けられたのでした。また、オランダ特有の事情として、堅固な柱状社会（カルヴァン主義、カトリック、社会民主主義、自由主義という四本の柱が並び立つ社会）がファシスト政党の新規参入を拒んだことも理由の一つとして考えられます。特に一九三三年から一九三九年にかけては、かつてカイパーも党首を務めた反革命党のコレイン（H. Colijn, 1869-1944）が、一九二五年から一九二六年にかけての第一期に続いて二度目の首相の座に就いていて、国民からの安定した支持を集めていました。

こうした時代状況の中で、バルトとオランダ改革派教会が再び直接的な接触を持ったのは一九三五年のことでした。バルトは、ボン大学での講義におけるナチス式敬礼や公務員としてのヒトラーへの忠誠誓約を拒否したため教授としての職務と活動を停止されていました。そのような緊迫した時期にオランダのユトレヒト大学がバルトを特別講義に招いたのでした。ミュンスター時代の一九二六年と一九二七年に続く三度目のオランダ訪問でした。一九三五年二月から四月にかけての毎週金曜日、バルトはボンからユトレヒトへと出かけ、使徒信条についての連続講義をおこないました。その内容は、『われ信ず』として出版されました。

この講義においてバルトは、ナチスの支配によって危機に立たされている「戦う教会の状況」

から語りましたが、オランダは「なお余裕をもって神学にたずさわる」ことのできる状況であると認識していました。[37] 質問に答える冒頭でこのように述べています。

諸君の質問はすべてある程度私にこんな感じを抱かせる、つまり諸君はまだなおくつろいだ気持で神学を研究でき、問題に対してある程度平静に離れておられるが、これはドイツではかつてはそうであったが、今日ではもはやそうではないということなのである。[38]

国家社会主義運動の登場に直面しながらも、まだその脅威が切迫したものとしては認識されていなかったオランダの状況をバルトは肌で感じ取ったのでした。

しかし、そうした中でも、危機意識を覚えていた人たちがバルトの戦いに参与するようになっていきます。[39] バルトはボン大学を追われた後に故郷スイスのバーゼル大学の教授となり、その地からドイツの教会闘争にかかわりましたが、オランダはそのための中継地となりました。一九三六年四月にはオランダのユトレヒト近郊の町ドリーベルヘンで、一九三八年の夏にはユトレヒトで、バルトはドイツの告白教会の指導者たちと会合を持ちました。このような仕方で特に国教会系の牧師たちはバルトの教会闘争を支えたのです。なお、一九三六年にはユトレヒト大学からバルトに名誉博士号が授与されました。
　こうしたオランダの教会にバルトも積極的に応答しました。一九三八年一〇月二四日には、『オランダの「教会と平和」団体代表者への手紙』を記しています。[40] これは、平和主義を標榜するオランダの団体から、現在の政治状況の中で平和のために何をすべきかを問われたことへの返信でした。バルトは、団体の平和主義の主張に対して問いを投げかけ、ナチスの脅威を前にしての武装抵抗の可能性を述べました。

　もしも「教会と平和」団体の綱領が、無条件的平和主義の教会側による肯定、という意味で理解されるべきものだったとすれば、それは神学的には最初から不可能なことでした。教会は、神の誡めをいかなる原理、いかなる「～主義」、とも同一視することはできず、〔それゆえ〕軍国主義同様、平和主義とも同一視することはできません。教会は、確かに、平和を宣べ伝えることができ、また宣べ伝えねばなりません。教会は、しかし、その都度の新しい状況の中で、神の言葉から、「今この時、平和ということで何が理解されるべきか」を聴き取るということに対して、常に新たに開かれていなければなりません。それゆえ、教会は、この平和とは、何があっても、いかなる状況の下でも、《銃撃がなされない》ということでなければならないのだ、という具合に自らを縛りつけることはできないのです。

このバルトの手紙を受け取ったあと、数千人の会員がこの団体から退会しました。平和主義からファシズムとの戦いへと方向転換がなされたのでした。[41]

この時期のバルトの最後のオランダ訪問は、第二次世界大戦直前の一九三九年三月でした。[42] ユトレヒト、ライデン、カンペン、フローニンゲン、アムステルダムで講演がおこなわれました。政府から講演の事前検閲と政治的意見表明の断念が要望されていましたが、バルトはそのどちらも拒否しました。

このときバルトとオランダの神学者のあいだで神学的な議論が起こりました。バルトが講演の中で幼児洗礼への批判的な見解を述べて、このことがオランダの牧師たちを困惑させたのでした。ユトレヒトでバルトの講演を聞いたミスコッテは、この問題についてバルトと手紙でやりとりし、オランダの教会に与える影響を心配しつつバルトに批判的な意見を述べています。

バルトの幼児洗礼否定論には神学的な理由とともに、スイスやドイツでは形骸化してしまった幼児洗礼の実態への批判があったとされますが、バルトの見解に対するミスコッテの反応からは、オランダにおいて幼児洗礼はなお生きた教会の実践であり、その執行は牧師にとって重要な任務

であったことがうかがえます。(43)

国教会系における教会改革の動きと挫折

バルト神学がファシズムへの抵抗の神学としてオランダにも直接影響を与えるようになるのは一九四〇年代に入ってからですが、一九三〇年代にバルト神学は国教会系の教会改革の動きに刺激を与えました。国教会系で教会改革を目指していた人たちの悲願は、一八一六年に作られた「一般規程」と呼ばれる教会規程を改正することでした。一六世紀以来、オランダは連邦制国家として独立性が強かったのですが、フランス革命後のナポレオン戦争の打撃を受けたことをきっかけとして、一九世紀初頭には国家としての統一性が求められるようになっていました。そうした中で定められた一般規程は、自由主義神学の影響を受けたこともあり、改革派教会を国家の行政的な機関のように位置づけていました。そのような国教会系において、バルト神学を受容した人たちが教会改革に積極的に乗り出したのでした。また、バルメン宣言の第三条項と第四条項などをも、教会規程の機能的なあり方や信仰告白との結びつきという視点に影響を与えました。(44)

すでに一九二九年、信条主義派のハイチェマを指導者とする委員会が新しい教会規程を提案していました。教会会議が、行政的な機能だけではなく、霊的な指導を発揮することができるようにする提案で、信条主義派が強調していた教理の重要性を主張し、また教会戒規の実行性も含む内容でした。しかし、一九三〇年、シノッドはこの提案を否決しました。これを受けてハイチェマは新たなグループ「教会再建」（Kerkherstel）を組織して、さらに提案のための活動をおこないました。

こうした信条主義派を主力とする動きと並行して、一九三一年には自由主義派と倫理神学派によるグループ「教会建設」（Kerkopbouw）が組織されました。中心的な指導者は倫理神学派のノールトマンスで、そこでは教会組織の再編以上のことを求めました。例えば、信仰告白の位置づけについて、過去の信条を維持するということ以上に、現代における信仰告白の重要性を強調しました。

一九三四年、「教会建設」が新しい教会規程を提案しましたが、翌年、シノッドはこれを否決しました。すると、これを機に「教会再建」と「教会建設」が協力することとなり、一九三七年にさらに新たな提案をおこないました。しかし、一九三九年八月八日、シノッドはまたしてもこれを否決します。こうして一九三〇年代の教会改革の動きは挫折することとなりました。(45) このときまだオランダの教会には危機意識が乏しかったと言えます。教会改革はこの後、一九四〇年からの占領下に進展することとなります。

総会系におけるファシズム批判とバルト神学批判

バルト神学の刺激を受けて教会改革に取り組み始めた国教会系に対して、一九三〇年代の総会系はバルト神学への批判をさらに鋭くしていました。この点を、総会系のファシズムへの対応とともに見ておきます。[46]

オランダの教会で、ファシズム政党である国家社会主義運動の台頭にいち早く反応したのは総会系でした。総会系は、国家社会主義運動が選挙で躍進してナチズムとの関係を深め始めた一九三六年、アムステルダムで開催されたシノッドで、国家社会主義運動の会員となることは教会戒規の対象となるという決議をしました。

こうした動きの中で重要な役割を果たしたのは、スキルダー（K. Schilder, 1890-1952）でした。スキルダーは、総会系が神学校を有する町カンペンで生まれ、総会系の牧師となった後、博士号を取得するため一九三〇年から一九三三年にかけてドイツのエアランゲン大学で学びました。そして、その間にナチスの台頭を直接目にして、国家が神格化されるファシズムの危険性を見抜いたのでした。ドイツから帰国後に母校カンペン神学校の教義学教授となったスキルダーは、生のあらゆる領域においてキリストの主権を主張するネオ・カルヴィニストとして、国家社会主義運動と激しく戦うこととなりました。

こうしたファシズムとの戦いという点においては、スキルダーとバルトとのあいだには共通点が見られるわけですが、しかし、スキルダーはバルトの神学に対しては厳しい批判を向けました。[47] 自由主義神学の拒否という姿勢には共感しつつも、バルトにおける歴史や文化の位置づけの消極性などに伝統的な改革派神学とは異質なものを見て取っていたのでした。すでに一九二七年にバルトが二回目のオランダ訪問でライデンを訪れたとき、当時ライデン近郊のウーフストヘーストの牧師であったスキルダーは、国教会系の教会史家エイクホフの家で直接バルトに会っていました。このときバルトに改革派神学を見いだすことはできなかったと、一九二八年一月一九日付けのヴァン・ティル（C. Van Til, 1895-1987）への手紙に記しています。ヴァン・ティルは、後にアメリカの保守的な教会におけるバルト批判の急先鋒となる神学者ですが、オランダの叔父と叔母がウーフストヘーストの教会のメンバーであったため、早くからスキルダーとの交流があったのでした。[48] そして、スキルダーは一九三〇年代に入ってからも、キリスト教政党やキリスト教大学の運営といった総会系が重んじてきたキリスト教文化の理念へのバルトの否定的な態度に対して、それでは社会の世俗化が推進されてしまうと批判しました。[49]

当時は総会系全体がバルト神学に対して批判的でした。もう一人の代表的人物で、本格的には戦後に活躍することになるベルカウワー（G. C. Berkouwer, 1903-1996）も、すでに早い時期からバルト神学を取り上げ、批判を展開していました。一九三一年には、『カール・バルトの倫理学』を出版しており、翌一九三二年にアムステルダム自由大学で博士号を取得した論文も、弁証法神学の啓示論を批判したものでした。さらに、一九三六年には、『カール・バルト』を出版し、一九四〇年にアムステルダム自由大学の特別教授として招聘された際には、「バルト主義とカトリック主義」という就任講演をおこないました。これらの著作において、ベルカウワーはバルト神学を批判しました。

こうした総会系におけるバルト神学への批判は、政治的な事柄にも影響を及ぼしました。(50) 先に述べたとおり、一九三六年の総会系のシノッドは国家社会主義運動を危険なものとして弾劾したわけですが、同時にこのシノッドは、ファシズムに抵抗しようとしていたキリスト教民主同盟というリベラル政党をも弾劾したのでした。一見矛盾した決定に思えますが、このキリスト教民主同盟はバルト主義者のブスケスなどがメンバーとして活躍していた政党だったのです。すでに見たとおり、ブスケスはヘールケルケン問題で総会系を離脱して再建改革派を設立した牧師であり、またこのときには総会系が支持母体であるコライン内閣の政策を批判していました。そのためキリスト教民主同盟は総会系によって弾劾の対象となったのでした。

このように総会系においてはスキルダーを中心としてファシズム批判とバルト神学批判が並行

してなされたのでした。

ノールトマンスのバルト神学への問い

バルト神学を積極的に受容した国教会系の神学者たちの中にも、バルトになお批判的な問いを持つ者たちがいました。すでにミスコッテがバルトの幼児洗礼否定論に反論したことを見ましたが、バルトのキリスト論的集中の神学に対して根本的な批判を投げかけたのは、ノールトマンスでした。ミスコッテがやがて純血のバルティアンと言われるほどにバルト神学の支持者となっていったのに対して、ノールトマンスはバルト神学を評価しつつも批判的な問いを持ち続けていきました。[51]

すでに一九二六年の講演「スイス神学」の中で、ノールトマンスは、「バルトの書物には、純粋な神学と神学的倫理の関係の定義の中に弱点がある」[52]と述べ、永遠と時間の二元論的な傾向からくる問題点を指摘していました。また、この年にバルトがオランダを訪問した際にも、信仰生活の継続性、倫理の位置づけ、聖霊の働きなどについて直接バルトに質問を投げかけました。[53]同席していたブスケスはそのときのことを回顧して、「バルトは、ノールトマンスがしたような質問をこれまで聞いたことがないと言った」[54]と述べています。

ノールトマンスのバルトへの同様の問いは、『教会教義学』以後のキリスト論的集中の神学に対しても続きました。初期の二元論的な傾向を克服してもなおキリスト論を軸として神と人間の垂直的な関係に力点を置くバルトの神学では、人間の応答や倫理においては決断的な要素が重視されることになり、信仰生活の継続性という観点からは課題が残るとノールトマンスは見たのでした。一九三五年にバルトがユトレヒト大学で連続講義をおこなうためにオランダを訪れた際にはアムステルダムで再び直接会って対話をしましたが、やはりバルトの神学には聖霊論が欠けていることを認識し、信仰生活を批判的に形成していく力としての聖霊の働きの重要性を主張しました。この聖霊論の強調はノールトマンスの特徴で、同時期に歴史や文化の評価をめぐってバルト神学を批判していた総会系のスキルダーの神学に対しても、それは創造論からの神学であって実はバルトと同じように聖霊論が見落とされていると指摘しています。[55]

バルトに対するこうした批判には、ノールトマンスの直接の背景であった倫理神学派の影響を見て取ることができます。[56] ノールトマンスは、バルトがその師であったドイツの自由主義神学者たちを徹底的に批判したようには倫理神学派の教師たちを退けることはなく、特に聖霊論を強調したフニングに対する深い尊敬を持ち続けていました。そして何よりも、ノールトマンスの神学の土台には、聖霊論のもとにキリスト者の生活や聖徒の堅忍の意義を捉えてきたカルヴァン以来の改革派神学の伝統を見ることができます。

バルト神学と国教会系の関係を見ていく上で、ノールトマンスの位置は重要です。一九二〇年代からのバルト受容においてノールトマンスは中心的な存在の一人であり、その後に続くミスコッテやベルコフなどもノールトマンスの影響を受けています。同時に、戦後にバルト神学に対しては一貫して反対の立場をとり続けたユトレヒト大学のファン・ルーラーも、ノールトマンスの聖霊論や終末論から多くを学んでいます。つまり、ノールトマンスが一九二〇年代以来展開していたバルト神学に対する同意と批判の姿勢が、その後の国教会系の神学全体の広がりの一つの原点になっているのです。

2　占領下オランダにおける反ナチ抵抗運動とバルト神学

ナチスによるオランダ占領と教会の抵抗運動

一九四〇年五月一〇日、ナチス・ドイツがロッテルダムを電撃的に攻撃すると、オランダはただちに降伏しました。このときから約五年間、オランダはナチス・ドイツの占領下に置かれることとなりました。オーストリアにおけるナチ運動の指導者であったインクヴァルトがオランダの占領機関の最高責任者となり、また、すでに一九三〇年代から組織されていたオランダ国内のファシスト政党である国家社会主義運動が、ナチス占領下で唯一の合法政党となってその支配に協力しました。

しかし、総じてオランダ国民はナチスの支配に抵抗したと言えます。その中で、教会も抵抗運動の拠点となるなどの重要な役割を担いました。国教会系はそれまで、ファシズムとの戦いに個別に取り組む牧師や神学者はいたものの、規模の大きさや教会改革の遅れもあって教会としては対応できていませんでした。しかし、ナチス侵攻の直前の四月に総幹事に就任していたフラーフェメイヤー（K. H. E. Gravemeyer, 1883-1970）の指導のもと、一九四〇年八月二七日に国教会系のさまざまなグループからメンバーが集まり、「教会協議会」を組織して対応に当たるようになりました。この教会協議会によって、ナチスへの抗議文書による嘆願や、それらの文書を諸教会で朗読することの要請など、公的な仕方で抵抗運動を展開しました。[57] 一九四一年三月にフラーフェメイヤーが逮捕されるなど、抵抗運動には困難も伴いましたが、一九四二年にはプロテスタントの諸教派とカトリックから成る「超教派協議会」が組織されるなど、さまざまな仕方で抵抗運動は展開されていきました。[58]

アマースフォールト・テーゼ

教会の抵抗運動には、合法活動とは別に非合法活動によるものもありました。その中で重要な役割を果たしたのが、「ルンテレン・グループ」と呼ばれた人たちです。ドイツの告白教会とつながりのあったミスコッテやコープマンス（J. Koopmans, 1905-1945）といった牧師たちがオランダ中部の小さな村ルンテレンで会合を持ったことからそう呼ばれるようになったグループで、非合法の抵抗文書をいくつも発行していました。彼らはドイツ教会闘争と連帯し、抵抗運動の神学的な実も生み出しましたが、特に重要なのが一九四一年に作成された文書でバルメン宣言のオランダ版とも言える『アマースフォールト・テーゼ』（Amersfoort These）です。[59] これは、正式には『われわれが信じること、信じないこと』という名称の信仰告白文書で、一二のテーゼから成っており、バルメン宣言と同様に肯定と拒否の両面から信仰を告白しています。

第一テーゼは以下のような内容です。[60]

われわれは信じ、告白する。聖なる意志と憐れみ深い愛を持つ神は、世界の贖いと救いのために来られたイエス・キリストにおいてのみ知られる、と。イエスは言われた。「わたしは道であり、真理であり、命である。わたしを通らなければ、だれも父のもとに行くことができない」。
それゆえ、われわれは、聖書が証言するイエス・キリストにおける啓示のほかに、神とその意志についての正しい知識があり得るとは信じないし、そのような考えを破壊的な誤謬として拒否する。われわれが告白する神が、自然、歴史や現在の世界での出来事、あるいは良心の命令から知られ得るとは信じない。血の声がわれわれの神の声であるとは信じない。なぜなら、神は御言葉において、すなわち御子である主イエス・キリストにおいて、一回的かつ最終的にご自身を知らせたと信じるからである。この良い羊飼いの声においてのみ、われわれは神の声を認識するのである。

バルメン宣言の第一条項と同様にヨハネによる福音書一四章六節が引用され、キリストにおいてのみ神を認識すると告白することで、ナチズムと結びつく自然神学を拒否する内容となっています。

このようにバルメン宣言の影響を受けつつ、分量においてまさるアマースフォールト・テーゼは、啓示論から終末論までの教理を包括的に取り扱っており、さらにバルメン宣言では十分に取り上げられていない重要なテーマについても論じています。例えば、第六テーゼでは聖霊論について、最後の第一二テーゼでは神の国について述べられています。これらはオランダ改革派神学が伝統的に重んじてきたテーマです。

また、第四テーゼでは、ユダヤ人問題について取り上げられています。旧約における神の選びの民としてのイスラエルの歴史の意義を記した上で、ナチスの反ユダヤ主義に対するはっきりとした拒否を表明しています。

> それゆえ、反ユダヤ主義は、非人道的な人種イデオロギーよりもいっそう重大な問題であると考える。われわれは、反ユダヤ主義を、われわれがその御名を告白する聖なる憐れみに満ちた神に反抗する最も頑固で致命的な形態の一つであると断定する。

さらに、第八テーゼでは、幼児洗礼について伝統的な理解のもとで述べるとともに、それを教育権の神学的根拠としても論じています。ナチスがその支持を確保するために子どもたちや若者たちへの思想教育に取り組もうとしたことへの警戒が背景にあります。

> それゆえ、われわれは、他の何かや誰かが子どもたちに成熟することを要求することができ

るとは信じない。神は、われわれに対する絶対的な権利を持つ唯一の方であり、自分で理解するようになる前にすでにわれわれを捕えてくださっている方である。それゆえ、子どもたちを自分たちの世界観のプロパガンダに引き込むような政治的組織や政党は、神の独占的な権利を侵害するものであると考える。子どもたちの教育の責任は、何よりもまず子どもたちを洗礼にゆだねた両親にある。さらに、その責任はイエス・キリストの教会にあるのであり、確かに幼子たちもキリストへと招かれているのである。

バルト神学との関係では違いもあらわれる旧約聖書の位置づけや幼児洗礼の意義といった伝統的な改革派神学の主張を取り上げながら、それらをユダヤ人問題や教育権といった時代の課題への応答としても述べているわけです。

アマースフォールト・テーゼは、バルト神学の影響とともにオランダ改革派神学の特質というものがよくあらわれた文書でした。教会で公的に受け入れられたわけではありませんでしたが、多くの信徒のあいだで読まれたと言われています。

バルトの手紙

戦争中、バルトはヨーロッパ各地の教会に手紙を記しましたが、その中にはオランダの教会も含まれていました。占領下の困難の中にあったオランダの教会にとって、バルトの言葉は大きな励ましと意義を持ち続けました。

その一つに、ルンテレン・グループからの質問状に対する返事としての『オランダの友人たちへ』というバルトの手紙があります。(61) 一九四二年七月、ルンテレン・グループは、ヘベ・コールブリュッゲ（H. C. Kohlbrugge, 1914-2016）にバルトへの質問状を託しました。彼女はバルトの神学に影響を与えたコールブリュッゲの曾孫で、一九三〇年代にベルリンで学び、告白教会と関係を持っていました。一九三九年にはバーゼルのバルトのもとで学びを始めましたが、第二次世界大戦が起こるとオランダに戻り、占領時代には抵抗運動にかかわっていました。ヘベ・コールブリュッゲは危険な中でバーゼルへと向かい、バルトに質問状を渡します。質問の内容は以下の五つでした。

1　オランダの女王のために教会がとりなしの祈りをささげるのをやめてもよいか。

2　ドイツで働くことを拒まれた労働者たちを教会の執事的活動として共同で支えることは正しいことか、また必要なことか。

3　オランダにおいて非合法組織を、経済的に、また個人の参加によって再建することは、個々のキリスト者に許されているか。
4　正しい状態のための戦いや悪しき状態に抵抗する戦いにおいて真理を語る上で、神の戒めの特別な理解というものがあるか。
5　グループのメンバーが、教会の公式の声明よりも先を行くようなそれぞれの意見や要求を、分裂の危険がなければ公に出版するということは可能か。

バルトはこれらの質問に対して以下のように答えています。①に対しては「ノー」、②に対しては「イエス」、③に対しては、「許されているだけでなく命じられている」、「今日非合法とされているものは本来合法なのである」、④に対しては、慎重にではあるが、恐れることなく、「イエス」、⑤に対しては、「イエス」という答えでした。このバルトの手紙は、オランダのキリスト者に教会的な戦いのための神学的な土台と動機を与えました。[62]

また、バルトは同じ一九四二年の一一月にもオランダの教会に宛てて手紙を送っています。[63]そこでは、「主は近い」という待降節のメッセージが、占領下の困難の中を歩んでいる教会に対して伝えられています。「私たちの苦しみの時、試みの時、誘惑の時、ヒトラーの時もまた、そしてまた圧迫と驚きと恥、裏切りの時、そしてまた私たちが流れに逆らって戦い、また私たちを苦しめる悲惨に満ち、ほとんど絶望的な労苦の時、これらの時はイエス・キリストのものなのです」というキリスト論的な理解のもと、解放の時を待ち望んでいるオランダの教会に、「この主が近いのです」と告げて励ましを与えました。

国教会系における教会改革の進展と総会系の分裂

この危機の時代に、一九三〇年代に挫折した国教会系の教会改革が進展することになりました。占領下の厳しい状況の中で、かえってそれまでの党派争いは後退し、教会改革の動きが加速したのでした。(64)

すでに述べたとおり、一九四〇年八月に、国教会系のさまざまなグループからメンバーが集められて「教会協議会」が組織されていましたが、さらに同年、新たなワーキンググループが組織され、改革派同盟以外のすべてのグループから委員が参加しました。中心的な人物は、フラーフェメイヤー、クレーマー、バニングで、それぞれ信条主義派、倫理神学派、自由主義派を代表していました。異なる伝統にありながらも、教会の存在意義を「使徒的宣教（アポストラート）」という使命のもとで捉えるということが議論の出発点でした。そこでは特に、一九二二年から一九三七年までインドネシアで宣教師として働き、その後はライデン大学教授となっていたクレーマー（H. Kraemer, 1888-1965）が重要な役割を果たしました。教会協議会の設置もクレーマーの提案によるもので、クレーマーが強調した使徒的宣教の使命は、戦後に至る国教会系の教会改革において重要な概念となりました。

国教会系の異なるグループの一致は、信仰告白にも求められました。このワーキンググループの要請により一九四三年にユトレヒト近郊のドールンで行われた会合で、ミスコッテが起草した短い文書が受け入れられました。これは、『ドールン・テーゼ』と呼ばれるもので、正式には『われわれは信じ、告白する』という題の文書でした。[65] キリスト教信仰の中心的な点が七つのテーゼによって示されており、キリストの人格と御業の認識において教会が一致するというキリスト中心的な内容にはバルト神学やバルメン宣言との共通性が見られます。ベルコフはこの文書についての解説の中で、「教会はわれわれの党派よりも大きい」と述べて、異なるグループが一致することの意義を訴えました。[66]

このドールン・テーゼには、バルメン宣言にはない一つの特色がありました。それは、キリストの三職論を教会論へと展開する内容でした。この実践的な方向付けが、一九三〇年代に動き出しながらも挫折した教会規程の改訂作業にも影響を与え、その動きを推進させることになりました。[67]

提案者たちは、それまでの挫折を踏まえ、段階的な改革を目指しました。一九四二年、新しい形でのシノッドの開催を可能とするための「活動規程」を制定する委員会を設立しました。この委員会には、改革派同盟まで含むすべてのグループの代表者が参加しました。一九四四年七月に提案が出され、戦時下のため採択は翌年の七月となりましたが、三分の二以上の賛成によって採択されました。これにより一九四五年にアムステルダムで新たなシノッドを開催することとなり、そこから新教会規程の作成へと向かっていくことになったのでした。

他方、総会系では、戦時下に教会分裂が起こりました。総会系は、一九三〇年代にはファシズムの台頭に教会としていち早く警鐘を鳴らしていましたが、占領下の抵抗運動においては必ずしも積極的ではありませんでした。アブラハム・カイパーの息子でアムステルダム自由大学の教授であったヘルマン・カイパーは、超教派協議会に参加していたものの、父と同様に親ドイツ的であったことなどもあって抵抗運動には協力的ではありませんでした。[68]

そうした中で、すでに国家社会主義運動への批判をおこなっていたスキルダーは、占領下に置かれるとすぐに反ナチの論陣を張り、週刊誌『改革』においてナチズムを批判しました。『改革』は八月には発禁処分を受け、さらにスキルダーも一二月には逮捕されてしまいましたが、やがて釈放されると、その後は地下活動によって抵抗運動を続けました。

このスキルダーの批判精神は、自らの所属する総会系におけるカイパーの神学的遺産にも向けられました。堕落の現実を重く見るスキルダーは、カイパーの一般恩恵論などの理解の中に楽観主義的な要素を見て取っていたのでした。それは、特にナチスとの戦いという厳しい現実の中にあって批判の対象となりました。

このカイパーへの厳しい批判のゆえに、一九四四年の総会系のシノッドでスキルダーは免職されることになりました。これを受けて、スキルダーは多くの支持者たちと共に「オランダ改革派教会解放派（Gereformeerde Kerken vrijgemaakt in Nederland, GKV）」（以下、解放派）を新たに創設しました。[69] ヘールケルケン問題を取り扱った一九二六年のアッセンでのシノッドの後に分裂したことに続く、総会系にとっては二度目の大きな分裂でした。分裂後、解放派はカンペンに新たに神学校を創設し、小さな町カンペンには総会系と解放派の二つの神学校が並び立つことになりました。

こうして国教会系も総会系もそれぞれに戦時下の激動を経て、戦後の再建の時代を迎えることになりました。そして、そこでもまたバルト神学の影響が、両者の関係を新しい展開へと導く一つの要因となっていくことになります。

第三章　バルト神学と再建の時代のオランダ改革派教会

一九四五年〜一九六〇年代

第三章では、戦後の再建の時代におけるバルト神学とオランダ改革派教会の関係を取り上げます。国教会系ではバルト神学の影響力はさらに強まっていき、戦前からすでにバルト神学の刺激を受けつつ始まっていた教会改革の取り組みが、一九五一年の新教会規程の成立において結実しました。他方、バルト神学に批判的であった総会系においても、戦後になると積極的な対話がおこなわれるようになっていきました。そして、こうした神学的な歩み寄りも一つの契機となって、両教派は合同へと向けて進み出すこととなりました。

1　国教会系オランダ改革派教会におけるバルト神学の支配

戦後社会の再建とバルト神学

戦後社会の再建という時代にも、バルト神学は大きな影響力を持ちました。バルトは特にドイツ社会の再建のために尽力し、一九四六年にはかつて追放されたボン大学で講義をおこないました。約一〇年前にユトレヒト大学でおこなったのと同じ使徒信条の講解であったその講義は、『教義学要綱』として出版されました。そして、一九三二年から始まっていた『教会教義学』の出版は、戦後さらに、『創造論』、『和解論』へと進んでいきました。

バルト神学は、戦後のオランダ社会の再建のために貢献するという使命を抱いていた国教会系にも影響を与えました。教会は、戦時中のファシズムとの戦いを踏まえ、国家や社会に対する批判的な視点を持った上で社会の再建に取り組んでいくことを目指しました。社会への積極的なかかわりという意味では一九世紀の自由主義神学の姿勢に似たところがありましたが、自由主義神学が「社会に適合する教会」を目指したのに対して、戦後の国教会系は、「社会に対して証言する教会」へと転換したのでした。そこでは特にバルトの一九四六年の論文「キリスト者共同体と

市民共同体」が重要な意味を持ったとされます。(70)

また、バルト神学は、戦後のオランダの教会に対してエキュメニズムの神学としても影響を与えました。バルトは、一九四八年にオランダのアムステルダムで開催された「世界教会協議会」(World Council of Churches, WCC) の創立大会に招かれ、主題講演をおこないました。バルト自身はそれまでエキュメニカル運動に対して批判的な視点を持っていて、この大会への招きもはじめは辞退するつもりでしたが、最終的には引き受けることになりました。このバルトへの講演依頼を強力に勧めたのが、世界教会協議会の初代の総幹事に就任した国教会系のフィッセルト・ホーフト (W. Visser 't Hooft, 1900-1985) でした。(71) フィッセルト・ホーフトはすでに戦前からエキュメニカル運動の中心人物として活躍しており、バルトとも交流を持ち、その神学の影響を受けていました。戦後も積極的な関係を築き、バルトの葬儀に際しては世界教会協議会を代表して弔辞を述べています。バルト神学の影響のもとで、フィッセルト・ホーフトを中心として国教会系は戦後のエキュメニカル運動に積極的に貢献することとなったのでした。

国教会系の新教会規程の成立

すでに一九三〇年代から始まり、占領下の一九四〇年代に本格化していた国教会系の教会改革は、戦後の再建の時代の中で実を結ぶことになりました。一九世紀以来、シノッドは行政機関のようになっていましたが、終戦から約半年後の一九四五年一〇月三一日、アムステルダムの新教会で本来の教会会議としての性格を帯びたシノッドが開催されました。前日の礼拝で説教をしたミスコッテは、一六一九年のドルト教会規程にあった「三年に一度」というシノッドの開催についての規定を引用しつつ、「こうしてついに、三年に一度ではなく、三世紀に一度という仕方とはなったが、待望されたシノッドが開催されることとなった」と述べました。[72]

シノッドはただちに新しい教会規程の作成に取りかかりました。組織された委員会にはフローニンゲン大学のハイチェマや、ユトレヒト大学教授になる前のファン・ルーラーがおり、活発な神学的議論がおこなわれました。また、一九四四年に牧師としての働きからは引退していたノールトマンスも、戦前から長く教会改革に関わっていたこともあり、一九四六年に委員会メンバーに招聘され、新教会規程の成立のために尽力しました。国教会系を代表する神学者たちの神学的営みは、このように教会形成の極めて実際的な働きの中でおこなわれたのでした。

一九四七年に提出された新教会規程案は、修正を経て、一九五〇年一二月七日にシノッドにおいて採択されました。シノッドのメンバー九〇人中、反対は一四人だけでした。新教会規程は、一九五一年五月一日に施行され、一八一六年の一般規程はついに乗り越えられることになったのでした。

新教会規程は、条例集を含めて三〇の条項から成っていました。第七条までが、教会とは何か、誰が教会に属するのかといった教会組織に関する事柄で、第八条からが、教会生活と活動についてとなっています。注目すべきは、その教会生活と活動についての冒頭に、戦時下の教会改革を導く概念であった使徒的宣教（アポストラート）の使命がしっかりと位置付けられているところです。第八条第一項は以下のように述べています。

神の国を待ち望む教会は、すべての人と権力に対する神の約束と戒めを証言するために世界に置かれ、キリストを告白する信仰共同体として、特にイスラエルとの対話によって、宣教の働きによって、福音の伝播と宗教改革的な意味における国民生活のキリスト教化のための持続的な活動によって、その使徒的宣教の使命を実現する。

ここにはキリストの主権を社会に対して証言する教会という戦後の国教会系の理念がよくあらわれており、その点でバルト神学の影響がうかがえます。同時に、戦時下のユダヤ人迫害への反省も踏まえての「イスラエルとの対話」や、「国民生活のキリスト教化」といった言葉には、使

徒的宣教の使命を幅広い視野のもとで捉えようとするオランダ改革派教会の特質がよく反映されています。(73)

中道正統主義

新しい教会規程に結実した理念は、すでに国教会系の戦後の活動の中で実践されていました。(74)使徒的宣教の使命の実現のために、一九四五年一二月にドリーベルヘンに「教会と世界」という研修所が設立されました。占領下の一九四四年から設立の準備がなされていたこの研修所は、信徒の働き人を養成する教育機関の中心となりました。また、一九五五年には、『オランダ社会におけるキリスト者』という文書が発表されました。起草したのはミスコッテで、カイパー以来の総会系の立場を意識しつつ、キリスト教の組織や政党に属することがキリスト者であるということではないとして、社会の中で幅広く活躍するキリスト者の意義を訴えました。

信仰告白についての議論にも新たな展開が見られました。一九四九年、『信仰告白の土台と視座』がシノッドで採択されました。この委員会のメンバーにも、ミスコッテ、ファン・ルーラー、ベルコフという戦後の国教会系を代表する神学者たちが入っていました。一九ヶ条から成る文書で、神の王権を出発点に据えていました。一九四三年の『ドールン・テーゼ』と同様に、キリス

ト論とその三職論の重要性が述べられています。正式な信仰告白とはなりませんでしたが、多くの影響を与えました。(75)

こうして戦後の国教会系は、キリスト論的な神学のもとに党派争いを乗り越え、一致して歩んでいくことになりました。バルト神学の支配的な影響力のもとで築かれたこの緩やかな連帯は、「中道正統主義」(76)と呼ばれました。戦前からの有力なグループで、バルト受容においても重要な役割を果たした倫理神学派と信条主義派は、事実上、中道正統主義となっていきました。

この戦後の中道正統主義を代表する神学者となったのが、ベルコフ(H. Berkhof, 1914-1995)です。戦時中には牧師として反ナチ抵抗運動にもかかわっていたベルコフは、一九五〇年にドールンに新たに設立された神学校の初代校長となりました。そこには中道正統主義の理念をあらわすようにさまざまなグループからの神学生が集まり、数か月間の共同生活による教育と訓練がおこなわれました。

ベルコフの神学は、一九五八年の書物『歴史の意味・キリスト』の書名が示しているとおり、強調点はやはりバルトと同様にキリスト論にありました。(77)一九六〇年にはミスコッテの後継者としてライデン大学教授となり、戦後の国教会系において最も影響力のある神学者となりました。一九七三年に出版された『キリスト教信仰』は長く国教会系の神学教育において教科書として用いられました。

ただし、ベルコフのキリスト論そのものには、キリストの神性の理解などに極めて自由主義的な内容が含まれています。[78] また、ベルコフの神学は、歴史の発展や世界の将来というものに対しては極めて楽観的な神学であり、戦後の再建の時代にベルコフは文字通り「再生」や「発展」という言葉を神学の中で好んで用いました。[79] バルト神学の影響を受けつつも、独自な仕方で教会と社会に対して発言していった神学者と言えます。

ファン・ルーラーによる敬意を込めた批判

バルト神学が支配的な影響力を持った戦後の国教会系において、そこになお批判を向けた神学者もいました。その代表が、ユトレヒト大学教授として新教会規程の成立にも貢献したファン・ルーラー（A. A. van Ruler, 1908-1970）でした。[80]

オランダ中部の町アペルドールンで国教会系に所属する敬虔主義的な家庭に育ったファン・ルーラーは、すでに一九二〇年代のギムナジウムの時代にバルトの著作を読んでいました。一九二七年にフローニンゲン大学へ入学して神学の学びを始めましたが、すでに学生時代に記した文章にもバルトからの引用が見られます。この頃のファン・ルーラーにとって、バルト神学は「主人の声」でした。

しかし、一九三三年にフリースラントの小村クバートの教会に牧師として赴任してから、少しずつバルト神学に躊躇を覚えるようになりました。旧約聖書、幼児洗礼、教会と国家の関係などについて、それらの意義を強調するオランダ改革派の伝統からバルトに疑問を抱いたのでした。そして、一九四七年にユトレヒト大学教授となってからは、バルト神学が影響力を増していく国教会系の中にあって批判と問いを発しながら、独自の神学的思索を展開していくようになりました。

バルト神学に対してファン・ルーラーが特に問題としたことの一つが、バルトのキリスト論的集中の神学における聖霊論の不十分さでした。晩年のインタビューでファン・ルーラーは次のように述べています。


もちろん、バルトがあらゆることをキリスト論的に捉えようとしていることも大きな問題です。創造だけでなく、救いの適用においてさえキリスト論的です。わたしの感覚では、バルトの場合にはあまりにも聖霊論が欠けています。バルトの書物を読むときに、それが非常に残念です。このようにして、わたしは少しずつバルトから離れてゆきました。その際――言わせて欲しいのですが――同時に改革派敬虔主義についてのド・フレイアの書物から影響を受けました。[81]

バルト神学における聖霊論の欠けに対する批判は、すでに他の神学者たちもおこなってきたことであり、特にノールトマンスは早くからこの点でバルト神学に問いを投げかけていました。ファン・ルーラーもノールトマンスの影響を受けつつ、また自ら育った環境である改革派敬虔主義の伝統を新たに学び直す中で、バルト神学への批判的視点を持つこととなったのでした。[82]そして、一九五七年には「聖霊論の主要線」、一九六一年には「キリスト論的視点と聖霊論的視点の構造的差違」[83]など、バルト神学との違いを明確に意識した聖霊論についての論文を発表し、キリストの客観的な御業の重要性を強調していたバルト神学に対して、信仰者の内に働く聖霊の独自な働きの意義を主張したのでした。

こうした批判の背後にあるファン・ルーラー自身の積極的な神学的意図は、人間存在と被造世界全体の意義を肯定することにありました。そのためにまたファン・ルーラーは、創造から終末における神の国の完成へという神の計画全体を強調しました。ファン・ルーラーの文章に特徴的な表現に、「すべてはキリストにかかっている。しかし、重要なのは神の国である」というものがあります。これは、キリスト論を不可欠な手段としながらも、重要なのは目的としての神の国であるということを意味する言葉です。そして、このような神学的意図から、ファン・ルーラーは、キリストにある救いの喜びだけではなく、自分自身を喜ぶこと、世界を喜ぶこと、すなわち被造世界のすべてを喜ぶことの重要性を主張したのでした。

バルト神学を批判し続けたファン・ルーラーですが、しかし、バルト神学の意義を認めていなかったわけではありませんでした。バルト神学の偉大さには敬意を払い続け、また一九六〇年代後半にさまざまな世俗化の神学の潮流が生まれてきたときには、そうしたものよりはバルト神学の方を選ぶと断言していました。[84] ファン・ルーラーのバルトへの批判は、最後まで「敬意を込めた批判」であったのでした。[85]

2　総会系オランダ改革派教会におけるバルト神学の勝利

ネオ・カルヴィニストへのバルトの批判

総会系は、戦後も保守的な神学に立ち続けました。教会的にも国教会系との対立と緊張関係は続き、国教会系が世界教会協議会の設立にかかわったのに対して、総会系は世界の保守的な改革派教会によって設立された「改革派エキュメニカル・シノッド」（Reformed Ecumenical Synod, RES）において中心的な役割を果たしていきました。

バルト神学との関係においても、総会系は戦後もしばらくは批判的に対峙し続けましたが、バルトからも総会系の神学に対して厳しい言葉が向けられたことがありました。それは、バルトが愛好するモーツァルトをめぐってのことでした。一九五一年に出版された『教会教義学 創造論』の序文の中で、オランダのネオ・カルヴィニストがバルトへの批判と共にモーツァルトを侮辱したことにバルトは厳しく反応したのです。

なお、この機会にわたしはいくらか厳しいことを語っておきたい。オランダやその他のところのネオ・カルヴィニストたちがわたしの支持者の中には属していないということは、これまであらゆるところで承知してきたところである。そのことで彼らを責めはしないし、また、彼らが最近わたしのことを「一元論者」と言って非難していることに対しても責めはしない。しかし、その際に、明らかにいっそうわたしを攻撃しようとしてではあるが、我を忘れたようにして、口に出して繰り返すこともできないような言葉をもって、モーツァルトを侮辱したということは行き過ぎである。もちろん、そうすることで彼らは、自分たちが愚かで、冷

酷で、無情な心の持ち主であること、耳を傾ける必要のない者たちであることを示したのである。(86)

オランダでは、このネオ・カルヴィニストが誰のことを指しているのかをめぐっていくらかの議論となったようです。(87)戦後のネオ・カルヴィニストの代表者の一人であったベルカウワーは、前年の夏に「バルトとモーツァルト」という文章を新聞に記していたこともあって、これは自分のことではないかとも考えたようです。しかし、バルトとの手紙のやりとりで明らかになったのは、このネオ・カルヴィニストとは、すでに総会系からは離れていましたが、スキルダーのことであるということでした。スキルダーは、ハイデルベルク信仰問答の講解において、バルト神学における虚無的なものという概念を批判する中で、モーツァルトを以下のように酷評したのでした。

バルトは分かったような言い方をしているが未熟なものである。バルトが賞賛しているモーツァルトは、フリーメイソンであり、葬儀にやって来る汎神論的な笛吹であり（マタイ一一章！）、仏教的な仕方であらゆるものを一つにしてしまうような音楽である。レクイエムも

あれば魔笛もある。(88)

これに対してバルトは怒りをあらわしたのでした。ただ、スキルダーはそのことを特に気にしてはいなかったようです。(89)この論争からすぐ、一九五二年にスキルダーは六二歳で亡くなりましたが、最後までバルト神学に批判的に対峙した神学者でした。

しかし、バルトとスキルダーには、人間の罪の現実に対する厳しい視点とキリスト論的な思惟という共通点、また、そうした神学に基づくファシズムへの抵抗運動という共通の実践があったことも事実です。ベルカウワーは、バルトがスキルダーのモーツァルト批判ではなく、イスラエルの民の罪を厳しく糾弾するアモス書の説教を読んでいたら、スキルダーのことを理解したのではないかと述べています。(90)

ベルカウワー『カール・バルトの神学における恩恵の勝利』

モーツァルトをめぐってオランダのネオ・カルヴィニストを厳しく批判したバルトでしたが、その数年後の一九五五年に出版された『教会教義学 和解論』のはしがきで、そのときの批判を撤回したいという文章を記しました。きっかけとなったのは、前年に出版されたベルカウワーの

『カール・バルトの神学における恩恵の勝利』（以下、『恩恵の勝利』）でした。バルトは次のように述べています。

『教会教義学』第三巻第四分冊のはしがきで、オランダのネオ・カルヴィニスト「全体」に対しておこなった激しい攻撃のことを考えている。人間の怒りが神の御前で正しいことはめったになく、それが「全体」に対して向けられるときには正しいことは決してない。わたしはこのことを、そのグループの代表であるアムステルダムのベルカウワーによるわたしと『教会教義学』についての大著『カール・バルトの神学における恩恵の勝利』（一九五四年）を知った今、認めなければならない。この書物には配慮と好意とキリスト教的な公平さでもって留保や批判が書かれていて、他にも同じような人がいることを期待するので、あのとき長年受けてきた挑発の後で突発的に発した一般化された言葉、それゆえ根拠のなかった言葉を全面的に撤回したいと思う。[91]

ベルカウワーは、アムステルダム自由大学の教授として戦後の総会系を代表した神学者です。一九四九年から一九七二年まで刊行された教義学シリーズは英語にも翻訳され、世界の保守的な改革派教会に大きな影響を与えました。

すでに見たとおり、ベルカウワーは戦前からバルト神学について論じていましたが、それらは一九二六年のアッセンでのシノッド以来の総会系の姿勢を反映したもので、きわめて保守的な立場から批判的に論じるものでした。しかし、その姿勢が戦後になって少しずつ変化を見せるようになります。(92) そして、その変化を決定づけたのが、一九五四年の『恩恵の勝利』でした。(93) この書物の前半でベルカウワーは、バルト神学における勝利の意義について、創造、選び、和解、終末のそれぞれの教理との関連において、またローマ・カトリックへの対抗という点において述べています。そこでは、それまでとは明らかに異なる開かれた姿勢からの新しい解釈が提示されていて、バルト神学の核心は人間的なものへの批判ではなく、恩恵の勝利であると結論づけられました。(94) 後半では、バルト神学における恩恵の勝利は果たして聖書的であるかどうかが検討され、万人救済主義的傾向などは批判されています。ベルカウワーは必ずしもバルト神学のすべてを受容したわけではなく、批判的な視点をなお持ち続けていました。ただし、その批判の仕方に大きな変化が見られたのでした。かつては自分自身の総会系の背景からバルトを批判していたのに対して、ここではバルト自身の意図をくみ取った上で批判をしたのでした。(95) この変化は、バルトを新近代主義と呼んで、その哲学的前提の違いから全面的な批判を展開していたアメリカのヴァン・ティルなどとは距離を置くものであったと言えます。[96] ただし、それゆえヴァン・ティルとその影響を受けていた世界の保守的な教会からは、ベルカウワーの変化は転向として批判されることにもなったのでした。このようにバルト神学の影響を強く受けたベルカウワーについて、ブスケスは次のように述べています。「ベルカウワーは決してバルティアンではなかった。しかし、ベルカウワーはバルトなしにベルカウワーにはならなかったであろう」。[97]

『恩恵の勝利』によって総会系によるバルト神学の拒絶の時代は終わったと言えます。[98] むしろ、バルト神学が支配した戦後の国教会系と共に、総会系の神学者たちも「バルト主義の聖歌隊の中で自分たちのパートを歌い始めた」[99] のであり、ベルカウワーの『恩恵の勝利』によって、いわばバルト神学が総会系においても「勝利」をおさめることになったのでした。

合同運動

戦後、国教会系は教会改革を実現させ、総会系は開かれた神学的な対話へと姿勢を転換しました。そうした変化の中で、両教会は合同へ向けて歩み出すこととなりました。[100] この合同運動は、「共に歩む」(Samen op weg) と呼ばれ、一九六一年に国教会系と総会系から一八人の牧師が集まって会合を持ったことから始まりました。戦後再建されたオランダ社会の発展のために両者が協力して歩んでいこうという積極的な意図によるものであり、使徒的宣教の使命という国教会系の神学と、キリストの支配が及ばない生の領域はないというカイパー以来の総会系のネオ・カルヴィニズムがいわば手を取り合うことになったのでした。

この関連で、総会系のもう一つの神学教育機関であるカンペン神学校の変化にも目を留めておく必要があります。すでに見てきたとおり、戦前から戦中にかけては教義学の教授であったスキルダーがバルト神学を激しく批判しましたが、一九四四年にスキルダーが総会系とカンペン神学校を離れると、戦後しばらくして教義学教授となったバッカーが弁証法神学を積極的に紹介するようになりました。それによってバルト神学との対話が深まると、その次の世代においては国教会系の神学との対話が進み、特にノールトマンスの神学が受容されるようになっていきました。ノールトマンスの著作集はおもに国教会系のユトレヒト大学と総会系のカンペン神学校の神学者たちの協力によって編纂されることになりました。

こうして、国際的なエキュメニズムの神学として機能したバルト神学が、直接的また間接的な仕方でオランダ国内の合同運動においても共通の議論の土台として機能したのでした。なお、この合同運動の結果、二〇〇四年に国教会系と総会系は合同し、「オランダ・プロテスタント教会」（Protestantse Kerk in Nederland, PKN）が設立されました。名称が「改革派」から「プロテスタント」となったのは、直接には少数のルター派も加わったためであり、そこにもエキュメニズムの一つの結果が見られたのでした。

第四章　オランダ改革派神学の意義

第四章では、オランダ改革派神学の意義について、特にバルト神学に向けられた批判的な問いかけに注目して検討します。そこにあらわれた歴史への関心や聖霊論の強調は、バルト後の教義学や実践神学に大きな影響を与えました。また、そのこととも関係しますが、現代神学における三位一体論の復興という潮流の中でオランダ改革派神学は意義を持っていると思われます。そして、日本の教会もバルト神学の影響を強く受けてきたことから、オランダの歴史と比較しながら日本におけるオランダ改革派神学の意義についても見てみることとします。

バルト後の神学への影響

戦後、ドイツ語圏では若い世代の神学者のあいだでバルト後の神学が模索されましたが、そうした動きにオランダ改革派神学が影響を与えたことが知られています。その世代を代表する神学者となるモルトマン（J. Moltmann, 1926-）は、ゲッティンゲン大学の学生であったときにオットー・ヴェーバーのもとで先に述べた国教会系の『信仰告白の土台と視座』を学び、オランダ改革派の神学者たちについて知りました。[101]

そして、モルトマンに新しい視点を与えたのは、特に国教会系のファン・ルーラーの神学でした。ドイツでは、バルトのキリスト論的集中に対する批判的視点から旧約聖書の重要性を主張したファン・ルーラーの『旧約聖書とキリスト教会』が、一九五五年にドイツ語で出版されて反響を呼んでいました。モルトマンは、一九五六年に改革派神学者の集会でファン・ルーラーの講演を聞き、バルト後の神学の道を見出しました。それまで、バルトがすべてを語り尽くしたのでその後にはいかなる神学もありえないのではないかと考えていましたが、ファン・ルーラーがその考えからモルトマンを解放したのでした。[102] モルトマンはそのバルト後の道について、「ファン・ルーラーは、神の国とこの地上における義に対する、終末論における前方の——希望の道へ、私を連れて行ってくれました」と述べています。[103] バルト神学に多く向けられていた批判の一つは、神と人間との垂直的な関係を重視するあまり歴史に対する評価が消極的となるということでしたが、モルトマンはファン・ルーラーの神学から終末の希望へと向かう歴史の地平への積極的な関心を学んだのでした。ここに、やがて一九六四年の『希望の神学』へと向かっていくモルトマンの重要な出発点を見ることができます。

そして、歴史に対する関心とも結びついて重要なファン・ルーラーの神学的な特質は、聖霊論の積極的な位置づけでした。モルトマンも教義学の中で聖霊論を積極的に展開していくことになりましたが、ファン・ルーラーの聖霊論が特に影響を与えたのは実践神学の分野でした。スイス人の神学者で、ドイツの大学で活躍したボーレン（R. Bohren, 1920-2010）は、バルト神学の影響を強く受けつつも、戦後その問題性も認識し始めていた頃にやはりファン・ルーラーの講演を聞き、その聖霊論から学びました。(104) ボーレンは、特に聖霊論に基づく「神律的相互性」の概念によって、実践神学における人間の積極的な位置づけをおこなったのでした。(105)

なお、オランダの実践神学においても、ボーレンと同様の展開がイミンク（F. G. Immink, 1951-）に見られます。ユトレヒト大学とプロテスタント神学大学で活躍したイミンクは、聖霊と人間の関係に注目する中で、内住という概念の重要性を強調したファン・ルーラーの聖霊論が実践神学に持つ意義を評価しています。(106)

バルト自身も晩年に、「第三項の神学、つまり、支配的に、決定的に、聖霊の神学なるものの可能性」について述べ、聖霊論の重要性と必要性をこれからの神学的課題と捉えていました。(107) ファン・ルーラーの聖霊論がバルトの求めたものであったかどうかは議論があるでしょうが、バルト後の神学を追求していたドイツの若い神学者たちにファン・ルーラーの聖霊論が一つの重要な示唆を与えたことは間違いないと言えます。

現代神学における意義

バルトのキリスト論的集中の神学に対して聖霊論を強調したことがオランダ改革派神学の一つの特質であると述べましたが、その代表格であったノールトマンスやファン・ルーラーは、実際には聖霊論だけではなく三位一体論の重要性を認識していました。

ノールトマンスは、一九三五年のバルトの『われ信ず』について、そのキリスト論的な思考は必ずしも間違いではないと認めつつ、「わたしは、より三位一体論的に、排他的にキリスト論的ではない仕方で考えるであろう」[108]と述べています。ノールトマンスは使徒信条の解説の中で三位一体を鳥にたとえ、キリスト論は鳥の胴体であり、父と聖霊は創造から完成へと伸びる左右の羽であるという独特な表現によって、三位一体論の意義を主張しています。[109]

また、ファン・ルーラーも、バルト神学への批判的な問いを投げかけ始めていた一九五〇年代半ば、「三位一体論的神学の必要性」[110]という講演を各地でおこないました。そして、晩年の一九六九年におこなった講演では、自らの神学について次のように述べています。

わたしはキリスト論的神学の代わりに聖霊論的神学を擁護しようというのではない。神学はその体系的な要素においてはより多くのものを含むのである。その広範さを一言で言い表そうとするなら、わたしの考えでは三つの言葉が必要となる。神学は、キリスト論的神学であっても聖霊論的神学であってもならない。それらはただ要素にすぎない。神学はその全体的な広がりにおいて、三位一体論的神学、終末論的神の国の神学、聖定論的神学として描かれるのみである。三位一体、神の国、聖定、これらが組織神学にとって最も広範な、それゆえ本来的な視点なのである。[111]

こうした三位一体論的な思考の強調に、現代神学における一つの意義があります。二〇世紀は三位一体論の復興の時代であったと言われます。[112] これは教派を越えた傾向ですが、プロテスタントでは、『教会教義学』を三位一体論から始めたバルトの神学がその先鞭をつけたとされます。ただし、バルトの三位一体論には様態論的な傾向があり、そこには西方的な「一」への偏った強調があるとして、その後のモルトマンやパネンベルクなどは東方的な三位格の区別に関心を向けるようになりました。また、そのこととも関連して、伝統的な三位一体論が抽象的な議論となることに注意を促して、内在的三位一体論よりも経綸的三位一体論についてより多く語られるようになってきました。三位格の区別と経綸的三位一体論の強調は、二〇世紀後半の三位一体論の議論における一つの傾向と言えます。

そうした三位一体論の復興の中で、オランダの神学が取り上げられることは必ずしも多くありません。二〇世紀のオランダ改革派神学において三位一体論は重要な主題ではなかったという見方もあります。[113] 確かに、例えばベルカウワーは三位一体論について基本的な理解以外は詳しくは論じておらず、ベルコフは伝統的な三位一体論からは逸脱するような理解を示していました。しかし、聖霊論の強調によってバルトと批判的に対峙したノールトマンスとファン・ルーラーには、三位一体論的な思考が顕著です。しかも両者に共通しているのは、三位格の区別と経綸的三位一体論の強調です。ノールトマンスは三位一体を論じる中で、「語りでは十分でないとき神は到来し、到来では十分でないとき神は慰めてくれる。この神の複数性があらゆる言説において自覚されなければならない」[114]として、語る父、到来する御子、慰める聖霊のそれぞれの働きの不可欠な意義を述べています。また、ファン・ルーラーも、「内在的三位一体論も経綸的三位一体論も、ただ叩いて折りたたみ、まったく同じものにして置いておくようなものではない。三位一体には広がりがある。御子は御父ではなく、御霊は御父でも御子でもない。贖罪は創造とは違い、聖化は贖罪とは違う。聖霊の注ぎは御言葉の受肉とは違う神の新しい御業である」[115]と述べて、三つの位格の区別とそれぞれにかかわる経綸的な御業の独自性を強調しています。(116) バルト神学との批判的対話の中で展開されたノールトマンスとファン・ルーラーの三位一体論は、バルト後の三位一体論の議論においても意義を持つはずです。

日本の教会と神学における意義

オランダにおけるバルト神学の受容と批判の歴史を見てきましたが、同じようにバルト神学の影響を強く受けた日本の教会の歴史と比較して検討してみることにします。(117)

日本におけるバルト受容の時期はかなり早く、すでに一九二〇年代後半から始まっています。そして、自由主義神学を乗り越えようとしたバルト神学は日本の教会と神学においてもまず同様の意義を果たしました。例えば、バルト受容において中心的な役割を果たした桑田秀延（一八九五―一九七五）は、弁証法神学との出会いを自由主義から福音主義への回心と呼んで、神学的な転向を表明しています。桑田はバルト神学を積極的に紹介し、一九三六年にはバルトの『われ信ず』を翻訳して出版しました。

しかし、日本とオランダのバルト受容の歴史を比較するとき、そこには違いもありました。最も大きな違いは、オランダにおいてはバルト神学が反ナチ抵抗の神学として機能したのに対して、日本においてバルト神学はファシズムとの戦いとは切り離される仕方で受容されたということです。バルトの神学を具体的な政治の文脈から分離して、抽象的な神学のレベルにおいてのみ受容したのでした。[118] また、このことと関連して、国教会系ではファシズムへの抵抗と教会改革の取り組みが一体的に進み、国家の行政機関のような役割を果たしていた教会が信仰告白に基づく共同体としての姿を取り戻していったのに対して、日本では、宗教団体法の圧力のもとに諸教派が日本基督教団へと統合されるというまったく逆の方向をたどることとなったのでした。

戦後になると、日本でも戦時下の教会のあり方に対する批判的な検証がなされるようになり、その際、バルトやドイツの告白教会の戦いから多くを学んできました。その作業はこれからもなお続くと思われますが、さらにオランダ改革派教会の戦いなども学ぶことで、教会の政治に対する向き合い方をより多角的に捉えることができるようになるはずです。

バルト神学への批判においても、オランダと日本の教会にはまず共通性が見られます。特に、保守的な立場からの批判が強かったという点です。オランダでバルトを厳しく批判したのは保守的な総会系の神学者たちでしたが、日本でも総会系の影響を受けていた日本キリスト改革派教会や福音派の保守的な諸教会においてバルト神学に対する厳しい批判がなされてきました。そこでは初期の総会系と同様に聖書論からの批判が多かったと言えます。バルト神学が圧倒的な影響力を持った中でなお批判的な視点があったということは重要ですが、しかし、オランダにおけるバルト神学への批判が、純粋に神学的な理由ばかりではなく、二つのオランダ改革派教会のあいだの対立の影響を受けていたように、日本においても日本基督教団などの主流派の教会と保守的な教会の対立関係というものが、バルト神学の評価にも影響を与えてきたと言えます。

また、批判においてもオランダと日本には違いがありました。オランダでは建設的な批判や対話がなされました。ノールトマンスやファン・ルーラーといった国教会系の神学者たちは、バルト神学に厳しい批判の目を向けながらも、その欠けを補うような仕方で聖霊論などを積極的に展開し、現代神学にも影響を与えることとなりました。総会系においても、戦後はベルカウワーによって教派全体の姿勢が対話へと転換しました。また、スキルダーのような激しい批判をした神学者でさえも、ネオ・カルヴィニズムの神学を再建させようとしたのであって、アメリカのヴァン・ティルなどと比べるとその批判の文脈と方法には違いがあったとされます。[119]これに対して日本の保守的な教会においては、徹底した拒絶という面が長く続きました。ヴァン・ティルの影響が大きかったことがその理由の一つと言えるでしょう。ベルカウワーの対話への変化は日本の保守的な教会に対しても問題提起となりましたが、[120]なお慎重な姿勢が続きました。ベルカウワーの後継者の中から極めてリベラルな神学者が生まれてきたこともあって、[121]ベルカウワー以後の総会系の神学が警戒されたことも影響していると考えられます。

しかし、総会系の変化から遅れてではありますが、日本の保守的な教会においてもバルト神学と積極的に対話しようとする動きは広がり、今日では定着してきています。(122) そこでは、ファン・ルーラーのような国教会系の神学者の影響もあってバルト神学を積極的な仕方で乗り越えようとする姿勢が見られます。ファン・ルーラーの創造から終末へという視野の広い神の国の神学は、バルト神学への批判的視点を提供してくれるとともに、個人主義的な傾向を持つ日本の教会と神学に対して積極的な意義を持つと言えるでしょう。(123)

なお、そのファン・ルーラーが強く影響を受けたのが、ノールトマンスです。ノールトマンスがバルトに直接向けたキリスト者の生活のあり方の問題、またそれと関わる聖霊論や三位一体論についての問いなどは、ファン・ルーラーの神学に影響を与えました。ノールトマンスの名前は日本ではほとんど知られていませんが、バルト神学と近い関係にありながら独自の展開を見せたその神学は、日本の教会においても大きな意義を持つはずです。

おわりに　「バルト」神学と「オランダ改革派」教会

バルト神学とオランダ改革派教会の関係を見てきました。そこでは国教会系における受容と総会系における批判という構図が長く続きましたが、戦後には総会系においても積極的な対話がなされるようになりました。バルト神学の影響は、自由主義神学の克服、ファシズムとの対決、教会改革やエキュメニカル運動への貢献などに及びました。しかし同時に、バルト神学への批判もまた存在し続けました。それは、バルトのキリスト論的集中の神学に対して歴史の意義や聖霊論の独自性を強調するオランダ改革派の伝統からの問いかけでした。

本書はアウトラインを描いたにすぎません。(124) 今後さらなる検討が必要です。バルト神学については今日もなお多くの研究がなされており、そこからオランダとの関係についても新たな知見が得られる可能性があります。また、少し別の視点となりますが、バルト神学がオランダ以外の国々に与えた影響や、バルトとも関係の深かったブルンナーやボンヘッファーといった神学者とオランダとの関係なども興味深いテーマであり、それらとの比較を通してバルト神学とオランダ改革派教会の関係の特質も新たに見出されていくことでしょう。

バルトと対峙したオランダの側の神学者たちについての研究もさらに深めていく必要がありま す。特にノールトマンスやファン・ルーラーといった独創的な神学者たちについての研究は今も なお進行中であり、[125] そこからバルト神学との関係についての理解も新たにされていくはずです。 また、今日のオランダの神学者たちがバルト神学をどのように評価しているかも重要なテーマで す。

本書では、「バルト」という一人の神学者に対して、「オランダ改革派」という教会とその神学 について検討しました。バルトに比べてまだあまり知られていないオランダの教会の歴史と神学 者たちを紹介したかったということもありますが、より積極的に、「オランダ改革派」の特質を 探求したいという意図がありました。宗教改革以来、オランダ改革派教会は、ルターやカルヴァ ンといった外国の神学的巨人の影響は受けつつも、国内にあっては特定の個人のリーダーシップ によって導かれてきたわけではありませんでした。そこでは、個人の神学よりも教会としての神 学が営まれてきたのでした。強いリーダーシップをもって初期の総会系を率いたカイパーとバー フィンクたちでさえ、その神学はオランダ改革派教会の形成という具体的な課題と強く結びつい ていました。もちろん、オランダ改革派にも多様性があり、国教会系と総会系の対立やそれぞれの中での神学者たちの違いについては述べてきたとおりです。「オランダ改革派」とひとくくりにして論じることには注意が必要です。しかし、その上でなお、オランダの神学は、「バルト」神学のように個人の名前を冠した神学としてではなく、「オランダ改革派」神学として論じることができるところに一つの意義があると思われます。

確かにバルトの神学も「教会」教義学ですが、そこでの教会は教派や国境を越えた普遍的な教会を強く志向しています。そのため歴史的な文脈の異なる日本などにおいても受容されやすかった面があると考えられますが、他方でその教会論は理念的な次元にとどまってしまうということもあったのではないかと思います。それに対して、オランダ改革派の神学者たちは、普遍的な教会を目指しつつも、オランダにおける改革派教会という歴史的な教会の形成をより強く意識していました。それゆえ、オランダ改革派の神学と実践をそのままただちに日本の文脈にあてはめることは難しいかもしれませんが、しかし、そうしたオランダにおける神学的営みのあり方そのものが、歴史的な教会の形成という課題を担う日本の神学に対しても示唆を与えてくれるはずです。「バルト」神学と「オランダ改革派」教会、(126) すでに約一〇〇年の歴史を持つ両者の関係ですが、その研究はまだなおこれからです。この研究の深まりが、日本における教会形成の深まりにもつながることを期待するものです。

関連年表

一八八六年　バルト、スイスのバーゼルに生まれる。

一八九二年　国教会系から分離した教会が総会系を創設。

一九一四年　第一次世界大戦が始まる。

一九一六年　バルト、ザーフェンヴィルにて説教『人々を満足させる牧師』

一九一八年　『人々を満足させる牧師』が翻訳されてオランダの雑誌に掲載。

一九一九年　バルト、『ローマ書』初版を出版。

一九二〇年　総会系のカイパー死去。翌年にはバーフィンクも死去。

一九二一年　バルト、ゲッティンゲン大学教授となる。背景に総会系の支援。

一九二二年　バルト、『ローマ書』第二版を出版。
学生連盟で『ローマ書』が読まれる。総主事ストゥフケンスがバルトを訪問。

一九二五年　バルト、ミュンスター大学教授となる。

一九二六年　総会系がヘールケルケンを罷免。
　　　　　　オランダ各地でバルト神学についての講演がおこなわれる。
　　　　　　ヘールケルケンはブスケスらと再建改革派を創設。
　　　　　　バルト、初めてオランダを訪問する。ノールトマンスらと会談。
一九三〇年　バルト、ボン大学教授となる。
一九三二年　バルト、『教会教義学』の出版を開始。
一九三三年　ドイツでナチスが政権を掌握。
一九三四年　バルト、『バルメン宣言』を起草。
一九三五年　バルト、停職処分となる。
　　　　　　ユトレヒト大学で連続講義『われ信ず』。バーゼル大学教授となる。
一九三八年　バルト、『オランダの「教会と平和」同盟婦人代表者への手紙』を記す。
一九三九年　第二次世界大戦が始まる。
一九四〇年　ナチス・ドイツがオランダを占領。
一九四一年　『われわれが信じること、信じないこと』（アマースフォールト・テーゼ）
一九四二年　バルト、『オランダの友人たちへ』を記す。
一九四三年　『われわれは信じ、告白する』（ドールン・テーゼ）

一九四四年　総会系がスキルダーを罷免。スキルダーとその支持者は解放派を創設。
一九四五年　第二次世界大戦終戦。
一九四八年　アムステルダムで「世界教会協議会」創立総会。バルト、主題講演をおこなう。
一九五一年　国教会系の『新教会規程』成立。
一九五四年　ベルカウワー『カール・バルトの神学における恩恵の勝利』
一九五六年　ファン・ルーラー「三位一体論的神学の必要性」
一九六一年　国教会系と総会系の合同運動が始まる。
一九六八年　バルト、死去。

注

（1）バルトの生涯と思想については以下を参照。エーバーハルト・ブッシュ『カール・バルトの生涯』小川圭治訳、新教出版社、一九八九年。

（2）H. W. de Knijff, 'Das Ausland als Echoraum der Theologie Karl Barths. Das Beispiel der Niederlande' in: M. Beintker e.a. (red.), *Karl Barth im europäischen Zeitgeschehen (1935-1950)*, Zürich 2010, 179.

（3）オランダ教会史については以下の文献を参照。O. J. de Jong, *Nederlandse Kerkgeschiedenis*, Nijkerk 1972. H. J. Selderhuis (red.), *Handboek Nederlandse Kerkgeschiedenis*, Kampen 2006. 以下の英訳も参照。H. J. Selderhuis (Ed.), *Handbook of Dutch Church History*, Göttingen 2014.

（4）戦時下の関係を取り扱った邦語文献としては以下を参照。牧田吉和「オランダ改革派神学とカール・バルト――ファッシズムとの戦いの諸相」『福音と世界』二〇〇七年七月号、九月号。包括的な研究としては以下を参照。M. E. Brinkman, *De theologie van Karl Barth: dynamiet of dynamo voor christelijk handelen*, Baarn 1983. Susanne Hennecke, *Karl Barth in den Niederlanden Teil 1: Theologische, kulturelle und politische Rezeptionen (1919-1960)*, Göttingen 2014.

（5）厳密にはこのオランダ語名は一八一六年以降に用いられるようになったものである。それまでは、「Nederduitse Gereformeerde Kerk」と呼ばれていた。国教会系の歴史については以下の文献を参照。K. Blei, *De Nederlandse Hervormde Kerk: Haar geschiedenis en identiteit*, Kampen 2000. 以下の英訳も参照。A. J. Janssen (trans.), *The Netherlands Reformed Church 1571-2005*, Grand Rapids 2006.

（6）一九二〇年までの半世紀は教会史家によって「カイパーの時代」とも呼ばれている。O. J. de Jong, *Nederlandse Kerkgeschiedenis*, 344-373.

（7）説教の邦訳は以下に掲載されている。雨宮栄一・大崎節郎・小川圭治監修『カール・バルト説教選集六 一九一六〜一九二三』井上良雄訳、日本基督教団出版局、一九九一年、一七〜三六頁。

（8）この説教はさらにナチスが台頭してきていた一九三二年に、『キリスト教と現実』誌に「著者の注」とともに再掲された。『カール・バルト説教選集六』三四〜三六頁。

（9）M. G. L. den Boer, 'Een preek van Karl Barth uit 1916', in: *de Waagschaal*, 1977.

（10）ブッシュ『カール・バルトの生涯』一七四〜一七五頁。

（11）G. Harinck, 'The Early Reception of the Theology of Karl Barth in The Netherlands (1919-1926)', in: *Zeitschrift für dialektische Theologie* 17/2 (2001). なお、ドイツには他にも総会系とかかわりのある改革派教会があった。一八三四年のオランダにおける分離の影響を受けて、一八三八年にドイツ北西部に生まれた古改革派教会（Alt-Reformierte Kirchen）の群れである。この古改革派教会は、一九二一年からは総会系のカンペン神学校で牧師養成を行うようになり、教会的な枠組みの中にも組み入れられた。

（12） G. Harinck, 'The Early Reception', 172-173.

（13） G. Harinck, 'The Early Reception', 174.

（14） G. Harinck, 'The Early Reception', 174-175.

（15） K. Barth, *The Göttingen Dogmatics: Instruction in the Christian Religion*, Grand Rapids 1991, 97.

（16） J. Vissers, 'Karl Barth's Appreciative Use of Herman Bavinck's *Reformed Dogmatics*', in: *Calvin Theological Journal* 45, 2010, 79.

（17） ブッシュ『カール・バルトの生涯』二〇三頁。K. Blei, *De Nederlandse Hervormde Kerk*, 95.

（18） 『カール・バルト著作集一三 十九世紀のプロテスタント神学 下 第二部 歴史』安酸敏眞・佐藤貴史・濱崎雅孝訳、新教出版社、二〇〇七年、三二四頁。

（19） H. J. Selderhuis (red.), *Handboek Nederlandse Kerkgeschiedenis*, 760-761.

（20） G. Harinck, 'The Early Reception', 182.

（21） 一九二〇年代のオランダでは、全大学生のうちの八～一〇パーセントが神学部の学生であった。そのうちの半分が総会系の学生で、アムステルダム自由大学とカンペン神学校で学んでいた。あとの半分が国教会系の学生で、アムステルダム、フローニンゲン、ライデン、ユトレヒトで学んでいたが、ユトレヒト以外の学生は一〇数名という状況であった。G. Harinck, 'The Early Reception', 170-171.

（22） J. J. Buskes, *Hoera voor het leven*, Amsterdam 1959, 62-63.

（23）J. J. Buskes, *Hoera voor het leven*, 82-83.

（24）J. J. Buskes, *Hoera voor het leven*, 78-79.

（25）M. J. Aalders, *Heeft de slang gesproken? Het strijdbare leven van dr. J. G. Geelkerken (1879-1960)*, Amsterdam 2013, 273-295.

（26）G. Harinck, 'The Early Reception', 185.

（27）ブッシュ『カール・バルトの生涯』二四〇～二四二頁。

（28）ブッシュ『カール・バルトの生涯』二四九～二五一頁。

（29）H. J. Selderhuis (red.), *Handboek Nederlandse Kerkgeschiedenis*, 761-762.

（30）ノールトマンスの生涯と思想については以下を参照。K. Blei, *Noordmans*, Kampen 2010. 以下の英訳も参照。Allan J. Janssen (trans.), *Oepke Noordmans: Theologian of the Holy Spirit*, Grand Rapids 2013.

（31）ブッシュ『カール・バルトの生涯』二四二頁。

（32）G. Puchinger, *Christendom en secularisatie*, Delft 1968, 223.

（33）牧田吉和「信仰告白としてのファッシズムとの戦い——オランダ改革派教会の場合」袴田康裕編『平和をつくる教会をめざして』一麦出版社、二〇〇九年、六三～九三頁を参照。

（34）佐藤敏夫編訳『バルト自伝』新教出版社、二〇一八年、七七頁。

（35）関川泰寛・袴田康裕・三好明編『改革教会信仰告白集』教文館、二〇一四年、六八九頁。

(36) 桜田美津夫『物語 オランダの歴史』中央公論新社、二〇一七年、二三〇～二三二頁。

(37) ブッシュ『カール・バルトの生涯』三六五頁。

(38) 『カール・バルト著作集八』新教出版社、一九八三年、三七四頁。なお、このときの質疑応答において、一九二六年のヘールケルケン問題で議論となった楽園の蛇は本当に言葉を話したのかということも取り上げられた。バルトは、この蛇の出来事を神話とすることにも歴史学の意味で歴史とすることにも反対した上で、「このようなことが『記されている』という事実を固守し、蛇が語っていることに関心を抱いた方がよくはないだろうか」と述べている。同書、三八七～三八八頁。

(39) H. C. Touw, *Het verzet der Hervormde kerk Deel 1*, 's-Gravenhage 1946, 25-26.

(40) カール・バルト『バルト・セレクション五 教会と国家Ⅱ』天野有編訳、新教出版社、二八七～二九三頁。以下も参照。『カール・バルト著作集六』新教出版社、一九六九年、二五一～二五三頁。

(41) H. J. Selderhuis (red.), *Handboek Nederlandse Kerkgeschiedenis*, 754.

(42) ブッシュ『カール・バルトの生涯』四一六～四一七頁。

(43) 大崎節郎『大崎節郎著作集第四巻 カール・バルト研究二』一麦出版社、二〇一六年、三一三～三一七頁。幼児洗礼をめぐるバルトとミスコッテの往復書簡が抄訳で紹介されている。

(44) H. Oostenbrink-Evers, *Beginselen en achtergrond van de kerkorde van 1951 van de Nederlandse Hervormde Kerk. Een kerkrechtelijk onderzoek naar de structuur van de Nederlandse Hervormde Kerk, zoals die*

werd ontworpen door de Commissie voor beginselen van Kerkorde (1942-1944) en de Commissie voor de Kerkorde (1945-1947), Zoetermeer 2000, 69-70.

（45）K. Blei, *De Nederlandse Hervormde Kerk*, 118-119.

（46）牧田吉和「信仰告白としてのファッシズムとの戦い」六七～七一頁。

（47）M. E. Brinkman, 'Schilder en Barth. Gebrekkige communicatie', in: J. de Bruijn, G. Harinck (red.), *Geen duimbreed! Facetten van leven en werk van prof. dr. K. Schilder 1890-1952*, Baarn 1990, 60-74.

（48）ヴァン・ティルは一八九五年にオランダの北部の村で総会系に所属する家庭に生まれたが、一九〇五年に家族でアメリカに移住した。総会系と姉妹関係にあった北米キリスト改革派教会に所属し、一九一四年から後のカルヴァン大学・神学校で学んだ。一九二七年夏、オランダへ旅行したときにウーフストヘーストの叔父と叔母を訪ね、このときは直接スキルダーに会うことはできなかったが、後に文通が始まった。一九四六年、アメリカのウェストミンスター神学校教授となっていたヴァン・ティルは、『新近代主義』という書物を記し、バルト神学をその哲学的前提から根本的に批判した。G. Harinck, 'How Can an Elephant Understand a Whale and Vice Versa? The Dutch Origins of Cornelius Van Til's Appraisal of Karl Barth', in: Bruce McCormack and Clifford Anderson (eds.), *Karl Barth and American Evangelicalism: Friends or Foes?*, Grand Rapids 2011, 13-41.

（49）M. E. Brinkman, *De theologie van Karl Barth*, 120.

（50）牧田吉和「信仰告白としてのファッシズムとの戦い」七六～七七頁。

(51) M. E. Brinkman, *De theologie van Karl Barth*, 173.

(52) O. Noordmans, 'De Zwitserse Theologie', in: O. Noordmans, *Verzamelde Werken 3*, Kampen 1981, 571.

(53) 初期バルト神学における倫理学の欠如に対して多くの批判が向けられたことについては以下を参照。大崎節郎『カール・バルトのローマ書研究』新教出版社、二六〇～二六二、二九八頁。そこではノールトマンスを含むバルトへの批判に対して反論がなされている。

(54) J. J. Buskes, *Hoera voor het leven*, 219.

(55) O. Noordmans, 'Brieven van Noordmans over neocalvinisme - Barthianisme', in: *Verzamelde Werken 4*, 131-140.

(56) H. W. de Knijff, 'O. Noordmans als "ethisch theoloog"', in: H. W. de Knijff, A. van der Kooi, G. W. Neven (red.), *Noordmans voor het voetlicht*, Kampen 2006, 94-119.

(57) W. A. Visser 't Hooft (ed.), *The Struggle of the Dutch Church for the Maintenance of the Commandments of God in the Life of the State*, 1945.

(58) 牧田吉和「信仰告白としてのファッシズムとの戦い」七三～七六頁。

(59) 牧田吉和「信仰告白としてのファッシズムとの戦い」八〇～八九頁。

(60) アマースフォールト・テーゼの邦訳全文は以下を参照。牧田吉和訳「アマースフォールト・テーゼ」袴田康裕編『平和をつくる教会をめざして』三〇九～三二一頁。本書での引用は拙訳による。

（61）Touw, *Het verzet der Hervormde kerk Deel 2*, 244-248.

（62）Touw, *Het verzet der Hervormde kerk Deel 1*, 159. Buskes, *Hoera voor het leven*, 189-191.

（63）『カール・バルト著作集六』四三七～四四〇頁。

（64）Blei, *De Nederlandse Hervormde Kerk*, 121-126.

（65）W. A. Visser 't Hooft (ed.), *The Struggle of the Dutch Church*, 58-61.

（66）K. Blei, *De Nederlandse Hervormde Kerk*, 129-130.

（67）H. Oostenbrink-Evers, *Beginselen en achtergrond van de kerkorde van 1951 van de Nederlandse Hervormde Kerk*, 80-81.

（68）牧田吉和「信仰告白としてのファッシズムとの戦い」七〇～七一頁。

（69）H. J. Selderhuis (red.), *Handboek Nederlandse Kerkgeschiedenis*, 797-799.

（70）A. van de Beek, 'A Christianized Society according to Reformed Principles: Theological Developments in The Netherlands in the Twentieth Century', in: G. Harinck en D. van Keulen (eds.), *Vicissitudes of Reformed Theology in the Twentieth Century. Studies in Reformed Theology 9*, Zoetermeer 2004, 76-77.

（71）佐藤司郎『カール・バルトとエキュメニズム』新教出版社、二〇一九年、一三六頁。フィッセルト・ホーフトの神学については以下を参照。ヴィサー・トーフト『キリストの王権』菅円吉訳、新教出版社、一九六三年。

（72）Blei, *De Nederlandse Hervormde Kerk*, 97.

（73） Blei, *De Nederlandse Hervormde Kerk*, 103.
（74） Blei, *De Nederlandse Hervormde Kerk*, 105.
（75） Blei, *De Nederlandse Hervormde Kerk*, 112-113.
（76） Blei, *De Nederlandse Hervormde Kerk*, 159.
（77） A. van de Beek, 'A Christianized Society according to Reformed Principles', 78.
（78） 近藤勝彦『現代神学との対話』ヨルダン社、一九八五年、一六二～一六五頁、二〇九～二二一頁。
（79） A. van de Beek, 'A Christianized Society according to Reformed Principles', 79-80.
（80） D. van Keulen, 'Van 'His master's voice' naar respectvolle kritiek. A. A. van Rulers verhouding tot de theologie van Karl Barth, in: D. van Keulen, G. Harinck, G. van den Brink (red.), *Men moet telkens opnieuw de reuzenzwaai aan de rekstok maken*, Zoetermeer 2009, 94-111. D・ファン・ケウレン「「主人の声」から敬意を込めた批判へ：A・ファン・ルーラーとカール・バルトの神学の関係」関口康訳、『季刊教会』七九号（二〇一〇年）、八一号（二〇一〇年）。
（81） G. C. Berkouwer, A. S. van der Woude (red.), *In Gesprek met Van Ruler*, Nijkerk 1969, 42.
（82） W. H. Velema, *Confrontatie met Van Ruler*, Kampen 1962, 104-107. ただし、聖霊論や神の国など、強調する用語や概念においてはファン・ルーラーとノールトマンスに多くの共通点があるが、その内容においては異なった点も多い。A. van de Beek, *Van Kant tot Kuitert. De belangrijkste theologen*

uit de 19e en 20e eeuw, Kampen 2006, 142.

(83) A. A. van Ruler, 'Structuurverschillen tussen het christologische en het pneumatologische gezichtspunt' (1961), in: A. A. van Ruler, *Verzameld Werk 4A*, Zoetermeer 2011, 369-391. ファン・ルーラー「キリスト論的視点と聖霊論的視点の構造的差違」牧田吉和訳、『季刊教会』七二号、七三号、二〇〇八年。牧田吉和「A・ファン・ルーラーの聖霊論の特質――『キリスト論的視点と聖霊論的視点の構造的差違』を中心として」、『季刊教会』七六号、二〇〇九年。

(84) G. Puchinger, *Hervormd-Gereformeerd: één of gescheiden?*, Delft 1969, 356-357.

(85) D. van Keulen, 'Van 'His master's voice' naar respectvolle kritiek, 109-111.

(86) K. Barth, *Die kirchliche Dogmatik III / 4*, Zürich 1951, 9-10.

(87) D. van Keulen, *Bijbel en dogmatiek*, 404-405.

(88) K. Schilder, *Heidelbergsche Catechismus deel 3*, Goes 1950, 378.

(89) D. van Keulen, *Bijbel en dogmatiek*, 405.

(90) G. C. Berkouwer, *Een halve eeuw theologie: Motieven en stromingen van 1920 tot heden*, Kampen 1974, 64-66.

(91) K. Barth, *Die kirchliche Dogmatik IV / 2*, Zürich 1955, 9-10.

(92) ベルカウワーの変化を象徴していたのは聖書論であった。一九四五年までの初期の聖書論は極めて保守的なもので、あらゆる聖書批評を拒否するものであったが、戦後の一九五〇年代に国教会系のベルコフやフリーゼンとの議論を通して変化が見られるようになった。「霊感」よりも聖霊による「証言」を強調するようになり、バルトの聖書論との共通性が見られるようになった。拙論「ネオ・カルヴィニズムの教会的・神学的背景の変遷」『カルヴィニズム』第三二号、二〇一六年、二九～三八頁。

(93) G. C. Berkouwer, *De triomf der genade in de theologie van Karl Barth*, Kampen 1954. 二年後には英訳が出版された。G. C. Berkouwer, *The triumph of grace in the theology of Karl Barth*, London 1956.

(94) H. J. Selderhuis (red.), *Handboek Nederlandse Kerkgeschiedenis*, 839.

(95) D. van Keulen, *Bijbel en dogmatiek*, 406.

(96) E. P. Meijering, *Een eeuw denken over christelijk geloven: Van Roessingh via Schilder tot Kuitert*, Kampen 1999, 90.

(97) J. J. Buskes, *Hoera voor het leven*, 85.

(98) O. J. de Jong, *Nederlandse Kerk Geschiedenis*, 407.

(99) D. van Keulen, 'Van 'His master's voice' naar respectvolle kritiek', 103.

(100) A. van de Beek, 'A Christianized Society according to Reformed Principles', 78-79.

(101) モルトマン『わが足を広きところに モルトマン自伝』蓮見幸恵・蓮見和男訳、新教出版社、二〇一二年、七六頁。

(102) モルトマン『わが足を広きところに』七七頁。

（103）モルトマン『わが足を広きところに』一〇一～一〇二頁。モルトマン『神学的思考の諸経験 キリスト教神学の道と形』沖野政弘訳、新教出版社、二〇〇一年、一二四～一二五頁。

（104）ボーレン『説教学Ⅱ』加藤常昭訳、日本基督教団出版局、一九七八年、四一〇頁。ボーレンは訳者によるインタビューの中で次のように述べている。「そうです。ルーラーが、ヴッパータールに来て、聖霊について講演をした。たいへん感銘深いものでした。当時モルトマンもヴッパータールにおりました。ふたりでルーラーを訪ねにオランダに行こうと言っているうちに、残念ながらなくなってしまいました。オランダ語ができないので、たくさん読んでいるわけではありません。ただ、思考の問題、聖霊論的に言えば、これまでとはもっと別の言い方ができるようになるということを、よく学んだと言えるでしょう。」

（105）ボーレン『説教学Ⅰ』加藤常昭訳、日本基督教団出版局、一九七七年、一一四～一三三頁。

（106）イミンク『信仰論――実践神学再構築試論』加藤常昭訳、教文館、二〇一二年、一四一～一四七頁。イミンクは、もう一人の重要な神学者として、倫理神学派の創始者でありノールトマンスにも影響を与えたフニングの名前と聖霊論を取り上げている。

（107）バルト「シュライエルマッハーとわたし」（ファングマイアー『神学者カール・バルト』加藤常昭・蘇光正訳、日本基督教団出版局、一九七一年、所収）、一三五頁。

（108）O. Noordmans, ‘Brieven van Noordmans over neocalvinisme - barthianisme’, 138.

（109）O. Noordmans, ‘Herschepping’, in: *Verzameld Werken 2*, Kampen 1979, 224.

（110） A. A. van Ruler, ‘De noodzakelijkheid van een trinitarische theologie’（1956), in: A. A. van Ruler, *Verzameld Werk 1*, Zoetermeer 2007, 262-280.

（111） A. A. van Ruler, ‘Christocentriciteit en wetenschappelijkheid in de systematische theologie’, in: A. A. van Ruler, *Verzameld Werk 1*, 378.

（112） Christoph Schwöbel, ‘Introduction The Renaissance of Trinitarian Theology: Reasons, Problems and Tasks’, in: Christoph Schwöbel (ed.), *Trinitarian Theology Today. Essays on Divine Being and Act*, Edinburgh 1995.

（113） G. van den Brink, S. van Erp, ‘Ignoring God Triune? The Doctrine of the Trinity in Dutch Theology’, in: *International Journal of Systematic Theology 11*, 2009, 72-90.

（114） O. Noordmans, ‘Herschepping’, 223.

（115） A. A. van Ruler, ‘Structuurverschillen’, 370. なお、ファン・ルーラーが用いる「三位一体的な広がり」（spreiding in de triniteit, trinitarisch spreiding）という用語はノールトマンスの影響を受けたものである。D. Smit, ‘The Trinity in the Reformed Tradition’, in: *Journal of Reformed Theology 3*, 2009, 67-68.

（116） 牧田吉和「ファン ルーラーにおける三位一体論的・終末論的神の国の神学と聖霊論」『改革派神学』三二号、二〇〇五年、三一～九頁。

（117） バルト神学受容史研究会編『日本におけるカール・バルト　敗戦までの受容史の諸側面』新教

出版社、二〇〇九年。

(118) バルト神学受容史研究会編『日本におけるカール・バルト』三〇頁。

(119) George Harinck, 'How Can an Elephant Understand a Whale and Vice Versa? The Dutch Origins of Cornelius Van Til's Appraisal of Karl Barth', in: Bruce McCormack and Clifford Anderson (eds.), *Karl Barth and American Evangelicalism: Friends or Foes?*, Grand Rapids 2011, 13-41.

(120) 宇田進「福音派聖書論の文献と動向」『福音主義神学』一〇号、一九七九年、一四九～一六九頁。

(121) 橋本龍三「最近のオランダ保守主義神学界」『福音主義神学』三号、一九七二年、一二八～一三一頁。総会系ではカイテルト（H. M. Kuitert, 1924-2017）やヴィールシンガ（H. Wiersinga, 1927-）といったアムステルダム自由大学の神学者が世俗化した社会に適応する神学を求め、キリストの二性一人格や贖罪論のような伝統的な教理を否定するようになった。ベルカウワーの開かれた姿勢から学んだ世代が、極めてラディカルな主張を始めたのであった。

(122) 牧田吉和『改革派教義学二 神論』一麦出版社、二〇一四年、二三三～二三七頁。

(123) 牧田吉和「ファン ルーラーにおける三位一体論的・終末論的神の国の神学と聖霊論」二七～二九頁。

(124) 二つのオランダ改革派教会を中心に見てきたが、オランダには国教会系と総会系以外にもいくつかの保守的な改革派教会があり、それらの教会とバルト神学との関係も重要である。それらは小規模な教派であるが、オランダの神学の世界においては決して小さな存在ではない。例えば、総会系に加わらなかった教会によって一八九二年に創設された「オランダ・キリスト改革派教会（Christelijke Gereformeerde Kerken in Nederland, CGK）」という保守的な教会がある。オランダ中部のアペルドールンに神学教育機関を有し、国教会系内の改革派同盟やスキルダーの創設した解放派と協力しながら神学的な発展を遂げてきた。バルト神学との関係においては、基本的には批判から対話へという道を歩んできたと言えるが、今日もなお改革派正統主義の立場から批判的な視点を保持し続けており、そこでの神学的な議論がどのようなものであるかはなお丁寧な分析を必要とする。アペルドールン神学大学の二人の教授の共著による以下の教義学の書物を参照。J. van Genderen, W. H. Velema, *Beknopte Gereformeerde Dogmatiek*, Kampen 1992. 以下の英訳も参照。J. van Genderen, W. H. Velema, *Concise Reformed Dogmatics*, New Jersey 2008. オランダ・キリスト改革派教会を含む保守的な改革派教会のバルト神学との関係の歴史については以下の文献を参照。C. M. van Driel, *Het volk zonder applaus: De receptie van Karl Barth in hervormd-gereformeerde en christelijk-gereformeerde kring*, Barneveld 2014.

（125）ノールトマンスの著作集が編纂・出版される過程でノールトマンス神学の研究会が発足し、二〇〇〇年から毎年カンファレンス（Noordmans studiedag）が開かれている。また、二〇〇七年よりファン・ルーラーの新しい著作集が刊行中である。

（126）国教会系と総会系が二〇〇四年に合同した教会は、「オランダ・プロテスタント」教会であり、「改革派」の名称は消えた。それが「オランダ改革派」の放棄なのか、深化なのかは問いである。

ただいずれにしても、合同した教会の中にあって改革派の伝統を強く自覚しながら歩んでいる教会と神学者は多く存在しており、今もなおオランダ改革派の伝統を探求することには意味がある。合同後の二〇一二年、旧国教会系の神学者ファン・デン・ブリンク（G. van den Brink, 1963-）と旧総会系の神学者ファン・デア・コーイ（C. van der Kooi, 1952-）の共著による以下の教義学の書物が出版された。G. van den Brink, C. van der Kooi, *Christelijke dogmatiek*, Boekencentrum 2012. 以下の英訳も参照。G. van den Brink, C. van der Kooi, *Christian Dogmatics: An Introduction*, Grand Rapids 2017. ファン・デン・ブリンクは改革派同盟の神学者として、ファン・デア・コーイはカルヴァンの神学や聖霊論について多く論じている神学者として、オランダ改革派の伝統を継承している。

あとがき

本書は二〇一七年一一月一九日に日本キリスト教会大森教会でおこなった第三三回大森講座の講演の内容を加筆修正した上でまとめたものです。宗教改革五〇〇周年の記念の年に宗教改革の実りの一つであるオランダ改革派教会の歴史と神学についてお話させていただく機会が与えられましたことを大森教会の皆様と佐藤泰將先生に心から感謝しています。

日本の教会と神学にとって意義あるものと考えて取り組んだバルト神学とオランダ改革派教会の関係についての考察でしたが、それは私自身の個人的な信仰の歩みをたどり直す作業でもありました。政治学を専攻していた大学時代にドイツ教会闘争の歴史を通してバルトを知り、その神学から強い影響を受けました。その後、神戸改革派神学校での学びとオランダ留学を通して、バルト神学と対話しつつ批判的な問いかけをしたオランダ改革派の神学者たちから多くを教えられて現在に至っています。

本書の多くは神学生時代にオランダ改革派神学に対する関心と研究へと導いてくださった牧田

吉和先生（日本キリスト改革派宿毛教会牧師、元神戸改革派神学校校長）の研究に負っています。今も変わらぬご指導に感謝いたします。出版用に原稿を整えるにあたっては赤江達也氏（関西学院大学社会学部教授）から多くの助言をいただきました。新教出版社の小林望社長には講演の席上で貴重なご意見をいただき、出版のためにもお世話になりました。心より感謝いたします。

二〇一八年一二月にはバルト没後五〇年を迎えました。バルト神学についての研究は今後もさらに進んでいくことと思いますが、バルト神学の同伴者であり批判者でもあったオランダ改革派教会とその神学への関心もまた高まればと願うものです。

石原知弘

二〇一九年七月

著者　石原知弘（いしはら・ともひろ）
1973年、岡山市に生まれる。一橋大学社会学部、神戸改革派神学校卒業。オランダ・アペルドールン神学大学にて神学修士号取得。日本キリスト改革派北神戸キリスト伝道所、園田教会を経て、2019年より東京恩寵教会牧師。神戸改革派神学校非常勤講師（組織神学）。
著書：『オランダ改革派神学を旅する』（神戸改革派神学校、2017年）
共訳書：マクグラス『キリスト教神学資料集上』（古屋安雄監訳、キリスト新聞社、2007年）

大森講座 XXXIII
バルト神学とオランダ改革派教会
危機と再建の時代の神学者たち

2019年8月30日　第1版第1刷発行

著　者　石原知弘

発行者　日本キリスト教会大森教会
代　表　佐藤泰將
〒143-0016 東京都大田区大森北4-14-5

発売所　株式会社新教出版社
〒162-0814 東京都新宿区新小川町9-1
電話 03-3260-6148
印刷・製本　カシヨ株式会社

ISBN 978-4-400-31707-4　C1016